保育者養成シリーズ

相談援助

林 邦雄・谷田貝公昭 [監修]
髙玉和子・和田上貴昭 [編著]

一藝社

監修者のことば

　周知のとおり、幼児期の保育の場はわが国では幼稚園と保育所に二分されている。幼稚園は文部科学省の管轄の下にある教育の場であるのに対し、保育所は教育を主体とする場ではなく、福祉の側面を備えた厚生労働省の下に位置づけられている。しかしながら、保育所は遊びを通じて情操を育むなど、教育的な側面をも包含していることは言うまでもない。

　このような事情から、従前より、幼稚園と保育所のいわゆる「幼・保一元化」が求められてきた。この動きは、社会環境の変貌とともにしだいに活発となり、保育に欠ける幼児も欠けない幼児も共に入園できる「認定こども園」制度として実現した。すなわち、平成18年に成立した「就学前の子どもに関する教育・保育等の総合的な提供の推進に関する法律」(「認定こども園設置法」)がそれである。

　今後、「総合こども園」(仮称)創設に向け、平成25年度より段階的に導入し、平成27年度からの本格実施を目指すことになっているが、こうした中で保育者は保育士資格と幼稚園免許の2つを取得するという選択肢が広がる可能性が高まっている。その理由は、総合こども園は、幼稚園機能、保育所機能、子育て支援機能(相談などが提供できる)を併せ持った施設で、既存の幼稚園と保育所を基本としているからである。

　監修者は長年、保育者養成に関わってきたものであるが、「保育学」「教育学」は、ある意味において「保育者論」「教師論」であると言えるであろう。それは、保育・教育を論ずるとき、どうしても保育・教育を行う人、すなわち保育者・教師を論じないわけにはいかないからである。

よって、「保育も教育も人なり」の観を深くかつ強くしている。換言すれば、幼児保育の成否は、保育者の優れた資質能力に負うところが大きいということである。特に、幼児を扱う保育者は幼児の心のわかる存在でなければならない。

　この保育者養成シリーズは、幼児の心のわかる人材（保育者）の育成を強く願って企画されたものである。コミュニケーションのままならぬ幼児に接する保育者は、彼らの心の深層を読み取れる鋭敏さが必要である。本シリーズが、そのことの実現に向かって少しでも貢献できれば幸いである。多くの保育者養成校でテキストとして、保育現場の諸氏にとっては研修と教養の一助として使用されることを願っている。

　本シリーズの執筆者は多方面にわたっているが、それぞれ研究専門領域の立場から最新の研究資料を駆使して執筆している。複数の共同執筆によるため論旨や文体の調整に不都合があることは否めない。多くの方々からのご批判ご叱正を期待している。

　最後に、監修者の意図を心快くくんで、本シリーズ刊行に全面的に協力していただいた一藝社・菊池公男社長に深く感謝する次第である。

平成24年3月吉日

監修者　林　　邦雄
　　　　谷田貝公昭

まえがき

　本書は保育者養成シリーズのテキストとして、保育者が子育て家庭の悩みや相談に対し、状況や問題を的確に把握して適切な対応が学べる内容構成を目指している。乳幼児期の子どもの保育は近年重要性を増しており、そのことは平成20年の保育所保育指針や幼稚園教育要領の改定、改正された新保育士養成課程が平成23年から行われるに至った経緯をみても分かるであろう。これまで「社会福祉援助技術」の科目が設置されていたが、「相談援助」と「保育相談支援」の2科目に分けて学習することとなった。

　保育所等で保育を実践するうえで、子どもに関する専門知識や技術を修得するとともに、保護者への子育て支援と保育指導を行うための相談業務が欠かせない。そのため、ソーシャルワーク理論を取り入れた相談援助の方法と技術に精通することが求められている。それに応えて、この「相談援助」は、保育者を養成する課程における個別援助技術（ソーシャルケースワーク）や集団援助技術（ソーシャルグループワーク）等のソーシャルワークの基礎を学び、保育現場で活用できるようになることを目的に書かれている。相談を受けた保育者が対象者に真摯に向き合い、その悩みや問題に耳を傾け、その心情に寄り添いながら、いっしょに問題を解決することにより、子育て家庭が通常の生活を維持・向上していくことができるよう支援していくための学びである。

　社会にはさまざまな価値観や生活様式を持つ人々が存在し、また家庭のあり方も各々異なっている。援助する側の保育者は自分の価値観や物の見方を基盤としながらも、多様な価値観や考え方を持つ人々を受容し、

いっしょに、子どものことを第一に考え行動していくことになる。「子どもの最善の利益」を念頭に置き、子どもの生活基盤である家庭も大切にしながら、保護者との話し合いを進めていくことが重要である。児童虐待や障害のある子ども、発達が気になる子どもなど、支援を必要としている子どもと保護者に対する具体的な相談面接の展開や事例分析等も入れながら、相談援助の意義と機能について解説している。

相談援助は保育、教育、福祉の分野で活用されている。援助する者と相談する者について、さまざまな名称が用いられているが、本書では、援助する者を『援助者』、相談する者を『利用者』と統一した。

本書は、保育者になるために勉学に励んでいる学生のみならず、現場の保育者にとっても活用できると考える。保育者の専門性を高め、子どもと保護者にとってよりよい子育て支援を進めていく一助になるであろうことを切に願っている。

平成24年3月

編著者　髙玉　和子
和田上貴昭

相談援助 ● もくじ

監修者のことば …… 2
まえがき …… 4

第1章 相談援助の理論 …… 9
第1節 相談援助とは何か
第2節 人間と環境
第3節 ソーシャルワークの始まりと発展

第2章 相談援助の意義と機能 …… 23
第1節 社会福祉における相談援助
第2節 相談援助の専門職
第3節 相談援助の機能

第3章 相談援助とソーシャルワーク …… 35
第1節 相談援助とは
第2節 ソーシャルワークとは
第3節 相談援助とソーシャルワーク

第4章 保育とソーシャルワーク …… 49
第1節 保育における相談援助
第2節 保育士の任務と相談援助
第3節 援助に関わる保育士の役割

第5章 相談援助の対象 …… 63
第1節 相談援助はなぜ必要なのか
第2節 社会情勢の変化と相談援助の対象
第3節 保育機能の変化と相談援助の対象
第4節 相談援助の対象に対する関わり

第6章 相談援助の技術・アプローチ……77
第1節　相談援助で用いる面接技術
第2節　多様なアプローチ展開

第7章 相談援助の過程……89
第1節　相談援助過程の共通点と相違点
第2節　相談援助の各段階

第8章 相談援助の計画立案と実施……103
第1節　支援計画の立案
第2節　支援計画の策定の段階
第3節　支援計画の実際

第9章 相談援助の記録と評価……115
第1節　記録の意義
第2節　記録方法
第3節　評価方法

第10章 関連機関との協働……127
第1節　社会福祉関連機関
第2節　連携・協働体制の確立

第11章 児童虐待への対応の事例分析……139
第1節　虐待を受けた子どもへの援助の過程
第2節　事例の分析と考察

第12章 多様な専門職との連携……153

第1節　保育実践の場における専門職
第2節　地域で子どもと家庭を支える
第3節　専門機関と専門職
第4節　専門職への期待

第13章 障害のある子どもとその保護者への支援
…… 165

第1節　アスペルガー症候群の子どもとその保護者への対応
第2節　障害のある子どもとその保護者への対応・支援

第14章 社会資源の活用・調整・開発……175

第1節　相談援助と社会資源
第2節　地域の社会資源とは何か
第3節　地域の社会資源の活用

第15章 ロールプレイ、フィールドワーク等による事例分析…… 187

第1節　ロールプレイ、フィールドワークとは
第2節　ロールプレイの演習
第3節　フィールドワークの演習

監修者・編著者紹介…… 201
執筆者紹介…… 202

第1章

相談援助の理論

髙玉　和子

第1節　相談援助とは何か

1. 他者を助ける行為

　人間は古代社会から集団を形成して生活を営んできた。他者が困っているときには自然に気遣ったり窮地から救ったりという行為を行ってきた。しかし、生きていくのが厳しい当時の社会の中にあっては、ときとして他者を助けることよりも、自分の生存が優先されることがしばしば見られた。食べ物をめぐって争いが起きるなど、人間は物質的にも精神的にも余裕がないと、他者のことを考えることができなくなる。

　例を挙げれば、高齢になり働くことが難しい年齢になると、年老いた親を山に捨てに行く「姥捨て山」の話は聞いたことがあるのではないだろうか。これは日本だけではなく、広く世界的に見られる現象であった。ギリシャの古代都市国家のポリスにおいても、年老いて役立たずとなった親を背負って、鳥獣がいる山に置いてきぼりにしたという史実が残っている。また、障害のある子どもが生まれたときには、川に流したり土に返したりしたことは、近世初期あたりまで続いていた。他者を助けたいという気持ちはあっても、その時代の社会事情や文化、社会的価値観などに対し、個人では抵抗できない大きな流れがあると同時に、生存に必要な食物の事情など物質面での条件も多く関係している。

　現代においては、経済的に発展を続け国民が一定の生活水準を維持している国々では、他者を助ける行為は当然のこととして人々に認識されている。しかし、物質的に豊かになった文明を享受する人々がいると同時に、それから漏れていく人々も確実に存在する。身近なところで考えると、日本や欧米の先進諸国で見かけるホームレスの人々、低所得階層の人々、障害のある人々等がおり、それらの人々の中には、社会から疎

外され孤立して援助が十分に行き届かない人たちがいることを忘れてはならない。

2. 問題が起きたとき、誰に、どこに相談するか

あなたは困った問題が起きたとき、誰に相談するだろうか？　親や友人などの身近な人に相談したり、あるいは自分一人でなんとか解決したいと考えいろいろな方法を試したり、悶々と考え込んだ経験はないだろうか。行き詰まったときには「死にたい」と思い詰めたこともあるのではないだろうか。

人は、最低限度の衣食住が確保できていても、必ずしもそれだけで満足できるわけではない。人間は動物の中でも高度の知能を持つといわれ、また豊かな感情を併せ持っている。感情を持つことはすばらしいことではあるが、反面、その感情に振り回されることも多い。

人は一人では生きていくことは難しいため、集団を形成する。社会の最小の集団単位は家族である。集団生活は家族から始まり、成長するとともに徐々にさまざまな集団に属していく。乳幼児期では保育所や幼稚園などの保育施設に、児童・少年期では小・中学校や高等学校、青年期では大学などの高等教育機関に、成人期では職場などに属するようになる。さらに、日常生活でも地域社会とは切り離せない関係にある。日本国内だけではなく、世界中を仕事などで飛び回る人たちもいる。現代社会は情報社会であり、インターネットで瞬時に世界の人々とつながることもできる。直接顔を合わせなくても、また面識がない人たちとも、関係を持つことが可能になる新しい人間関係の形成方法が生まれてきている。

人との関係がうまくいかずに悩む体験は、誰でも持っているであろう。所属する集団が広がり多種類にわたるようになると、自分とは価値観や考え方が異なる人々と出会う確率が高くなる。そのときに新鮮に感じたり、その考えや意見を認めて受け入れることができるならば、軋轢(あつれき)は生

じないだろう。しかし、そうではない場合も多々ある。意見が対立して感情が激化したり、お互いを傷つけ合うような言葉を投げかけたり、人間関係が悪化することも出てくる。そのようなとき、自分の感情をすなおに安心して表現できる相談相手がいれば救われるだろう。

3. 専門相談機関での相談

　自分にとって親しい関係にある家族や友人は、相談しやすい相手である。話を聞いて慰めたり励ましたりもしてくれるであろう。自分をよく理解している人に話すのは、安心感や信頼感が根底にあるからである。

　しかし、問題の性質によっては専門知識が必要であったり、話の道筋をつけて問題の本質がどこにあるのか明らかにしていくことも必要になる。感情に流されたり、自分との距離が近すぎて、相談された相手自身が重要なことに気づかないことも出てくる。

　そのようなときは、適度な距離を保ち、客観的に話を聴いて問題を整理する専門知識・技術を持つ専門職の相談員が相談に乗るほうが適切と言える。専門職としての相談員は、福祉や保育、教育などの分野で働いている人たちであり、社会福祉の法制度や家族社会学、保育・教育学、保健学、心理学、精神医学などの知識を習得し、現場経験も豊富であることが多い。また、ソーシャルワーク（社会福祉援助技術）や面接技法を用いて、真摯に問題にいっしょに取り組んでくれる人たちである。

　一般的に、人は問題に直面したとき、自分でなんとかしたいと思うが、時間の経過とともに問題は重層化し、解きほぐせないほど絡まってくる。自分自身での解決が難しいときには、他者の助けを求めるほうがよいと頭では分かっているが、なかなか行動に移すことができない。自分や家族の恥を他者にさらすことに耐えられないと感じている。しかも、どこに、誰に相談したらよいのか、それすら分からない状態のときもある。そのようなときは、まずは身近な専門職の人に相談してみよう。

　例えば、子育てに悩んでいるなら、保育士に尋ねてみよう。そうする

ことで子育ての悩みの大部分が解消することもある。子どもの健康上の問題であれば、保健所や保育所の保健師や看護師に尋ねてみよう。的確なアドバイスを与えてくれるであろう。子どもの気になる性格や行動、発達のことなどは子ども家庭支援センターや児童相談所、家庭児童相談室（福祉事務所）を訪ねてみよう。

このように、実は身近な地域に、相談できる機関や施設があることを知っておいてほしい。

第2節　人間と環境

1. 個人を取り巻く環境

環境とは個人を取り囲んでいる周囲の世界を指すが、大別すると「物理的環境」と「社会的環境」に分けられる。物理的環境は、家庭や保育所、幼稚園、学校などの保育・教育施設、職場などの場であったり、建物や部屋などの構造なども入る。一方、社会的環境は、児童相談所や福祉事務所に代表される法制度および専門職を含むフォーマル（公的）な社会資源と、個人の関係で作られている親や兄弟姉妹、親戚、友人・知人、近隣住民などから成るインフォーマル（私的）な資源などから構成されている。

個人が生活している場は、皆一様に違っている。そのため、問題を抱えている人が置かれている環境を把握し、その個人の心理的困難を理解し支援する心理的側面とともに、法制度やパーソナルサービスは何が活用できるか、フォーマルなあるいはインフォーマルな人的資源をどのように組み合わせて活用するか、そしてどの程度の範囲で環境修正が必要かを見極め、問題解決につなげていくことが求められる。

2. 環境と文化・価値観

　文化や価値観、生活様式などは、人間が住んでいる地域により異なってくる。特にその土地で生活する人々は、長い歴史の上にその独特の文化を築いてきており、世界的に見ても、地域ごとの人種や民族は特有の価値観や生活様式を持っている。

　例えば、北の極寒地域と南の熱帯地域の人々では生活様式が異なる。その土地の気候風土によって、衣服、住居、食べ物など基本的な生活基盤が違ってくる。近年のグローバル化の波に押され、生活物資は世界的に流通している。しかし、伝統的行事や風習、生活様式は、縮小される傾向はあっても継続され大切にされ、次代の人々に受け継がれている。

　個人単位として人間を見るときの視点として、その人々の背景にある文化、価値観、生活様式を考慮せずして、個人を理解していくことは困難である。私たち日本人は他民族から見ると、全体的に共通の特徴を持っていると見られている。日本人の共通的な特徴として、「礼儀正しい」、「忍耐強い」、「ルールを守る」、「思いやりの心を持っている」などが一様に挙げられる。それを再確認する機会として、2011年3月11日に起きた東日本大震災の経験を通して、世界の人々がこのような評価をしていることは記憶に残っていることであろう。

　その一方で、日本人という共通項でくくるには大ざっぱであると感じる人もいるだろう。人は皆一人ひとり違い、異なる人格を持っていることから、個々人は特性を持ち、独特で多様な存在であることをきちんと認識してほしいという願いがあることも確かである。自分と同姓同名の人がいても、生年月日や家族構成、住む地域などが全く同じことはない。人間は一人の独立した人格を持ち、他の誰でもないという確信を持っている。他者から特有の人格を持つ人間であることを認めてもらうことにより、自己の存在意義を再確認するのである。個人を個別化し、その尊厳を大切に扱ってほしいと誰もが思っている。

3. ソーシャルワークにおける環境の意味

　ソーシャルワークの基盤を創設したメアリー・リッチモンド（M. E. Richmond, 1816～1928）はソーシャル・ケースワークを「人間と社会環境との間を個別的に、意識的に調整することを通してパーソナリティを発達させる諸過程からなり立っている」と定義し、環境の意味することは単に物理的な空間という範囲にとどまらず、その人の思考や人間関係能力に影響を及ぼすと捉え、環境調整の重要性を指摘している［リッチモンド、1991］。

　近年では、米国の研究者カレル・ジャーメイン（C. B. Germain, 1916～1995）は、人間と環境の交互作用について次のように述べている。

　　「人間」と「環境」システムの一元的性格をよく考慮したやり方で、実践
　　の基礎とサービス体系を再構築していかなければならない。…（中略）…
　　『環境の中の人間』という図式はソーシャルワーク固有の特徴である。
　　　　　　　　　　　　　　　　　　　　　　　　　　［ジャーメインほか、1992年］

　このように人間と環境との関係は、単にその環境の中で個人が生活を営んでいるだけではなく、時間の経過の流れの中で生活の場である環境からの影響を受けながら、個人も変化していく。人はその環境を変えていく力を持ち、また相互に影響を及ぼし合いながら、循環的な交互作用が行われていく側面に注目している。それは良い影響もある一方、悪い方向に向かうこともあり得る。問題を抱える人たちは、良くない方向に進む循環から抜け出すことが難しくなり、悪循環の渦中に巻き込まれていく。

　そのとき、環境の中にいる人間をよりよく理解していく手法が必要となる。問題が悪化した状況を客観的に分析し、対象者のストレングス（本来潜在的に持っている能力や才能、資源など）を生かし、状況の改善を

図り問題を解決に導いていくには、ソーシャルワークを用いることが適切である。

第3節　ソーシャルワークの始まりと発展

　ソーシャルワークの歴史をたどるには、欧米における古代社会からの弱者救済の歴史を概観せずして語ることはできない。ここでは、社会福祉の前身である慈善事業から、どのようにソーシャルワークが誕生し発展してきたのかを見ることにする。

1. 古代社会における救済

　古代社会では、キリスト教が普及するに従い、教会が弱者救済を担うことになった。古代ローマのコンスタンチヌス帝は、ミラノ勅令によりキリスト教を認め、それ以降保護を要する人々の世話は教会の仕事として正式なものとなった。歴史上最初の施設といわれる「クセノドキア」は、寺院宿泊所として交通の要所に建てられ、孤児や老人、病人などを保護・収容した。

2. 中世社会における慈善

　中世社会を解説するに当たって、その代表的な国として、イギリスを挙げることができる。その当時のイギリス社会は、封建制度としての荘園制と農奴制から成り立つ。領主の下に家臣、農奴という階級制が築かれ、そこで自給自足の社会生活が営まれていた。経済的には、領主の支配を受け、農地を借りて耕作する代わりに、収穫した農作物を収めるという形式をとる領主の搾取があるが、外敵が襲ってきたときには守ってもらうという関係ができていた。

さらに、キリスト教は村落を単位とする教区制を敷いており、日常生活において領民は、経済的には領主の支配を受け、信仰においてはローマ法王を頂点としたキリスト教の支配を受けるという二重の支配構造の下に置かれていた。

　この中世期には、高齢者、障害者、病人、孤児あるいは貧民などに対するキリスト教の慈善事業が、修道院や救貧院などで行われるようになった。その背景には、その時代の神学者トマス・アクィナスの施与論が多大な影響を及ぼしている。「施与の定義として『神の愛の故に、同情して、困窮者に何か（物質とは限らない）を与える行為である』…（中略）…施与は単なるあわれみの感情ではなく、理性的でなければならないことを強調している。」［吉田、1974］

　やがて11世紀になると、市が立ち経済都市ができ、自治都市へと発展していった。商人・職人が力を持つようになり、親方で組織する相互扶助組合のギルドが登場し、高齢者や障害者、寡婦、遺児への援助が行われていた。このように生活困難者への救済行為は、キリスト教の慈善事業とギルドの相互扶助に頼っていた。

3. 近世社会における慈善事業

　中世期後期の経済都市の発展から、さらに商業が盛んになるとともに、毛織物工業が農業を超える産業となっていく。羊毛を大量に取るために、領主は農民を領土から追い出し牧草地に変えていく、いわゆる「囲い込み」が始まった。農地を追われた農民たちは、職を求めて都市に流入するが、職に就くことはできず、浮浪者に落ちていき、貧困層を形成していった。これらの人々に対して、イギリスの絶対王政は厳罰主義の姿勢をとり、処罰や元の土地へ強制送還をする対応をとった。

　1601年、エリザベス救貧法が制定され、初めて国としての救貧施策を行った。この法の特徴は、貧民を3分類したことである。まず、有能貧民はワークハウス（労役場）で強制労働させ、老人や乳幼児、障害者は

働けないことから救貧院に収容した。児童に関しては教区徒弟とし、男子は職人の徒弟、女子は家事労働従事者として働かせた。

18世紀になると、工場制手工業(マニュファクチュア)が主流となり、その後機械化が進み、産業革命が起こった。これにより、子どもや女性は工場に低賃金で雇われ、劣悪な労働環境の下に15〜16時間働かされることになり、発達が阻害されたり健康を害したりした。

1834年の新救貧法は、「自助の原則」を掲げ、「均一処遇の原則」「院内救済の原則」「劣等処遇の原則」を打ち出し、貧民にとってさらに過酷な状況となり、ワークハウスは「恐怖の館」と呼ばれるようになる。

そのような中、1869年ロンドンに慈善組織協会(Charity Organization Society, 通称COS)が登場した。それまでの慈善事業は、各団体が個々に活動するのみであったため非効率的であった。そこで、慈善団体間の連絡調整を取り、貧民の登録をし、濫救や漏救を防止するように努めた。その時に行われた貧困世帯を訪問する「友愛訪問」(Friendly Visiting)が、後のソーシャルワークにつながる。

4. 慈善からソーシャルワークへ

17世紀初頭、イギリスをはじめフランス、ドイツなどのヨーロッパ諸国から新大陸アメリカへ、移民が植民地入りした。移民たちは当初、自国の法律を適用していた。

1873年の世界恐慌により、大量の失業者と生活困窮者が出たときには、慈善事業が盛んになり、COSもアメリカに導入されることになった。1877年、バッファローにCOSの拠点ができてから急速に普及していった。それまで、友愛訪問員はボランティアであったが、専任職員を配置し、講習会を開いて訓練し、専門職として生活問題を抱える人々の調査と友愛訪問を行い援助するようになった。スローガンに「施与ではなく、専門的サービスを」を掲げる活動の展開が始まった。

1917年、「全米ソーシャルワーク会議」で初めて「ソーシャルワー

図表1　社会福祉援助技術の体系

直接援助技術	**個別援助技術（ケースワーク）** 利用者個人や家族の問題を客観的に把握し、面接技術を用いて相談面接を行い、社会資源を活用しながら問題の解決や軽減を図る。 **集団援助技術（グループワーク）** 集団の相互作用を活用し、成長の機会となる意図的なプログラムの体験を通じて、個人やグループメンバーの問題解決を図る。
間接援助技術	**地域援助技術（コミュニティワーク）** 地域社会の課題を解決したり問題の発生を予防するため、社会資源の整備や増設など地域環境の条件を整えるなど、地域住民を組織化して行う援助技術。 **社会福祉調査法（ソーシャルワークリサーチ）** 社会福祉の問題について実態を明らかにし、よりよい社会福祉サービスや施策を提供するために行う福祉に関する調査をいう。 **社会福祉運営管理（ソーシャルアドミニストレーション）** 効率的で安定した組織体制や経営ができるよう、国や地方自治体の社会福祉行政や社会福祉機関・施設等が、運営や職員の業務管理を点検し計画を立てて行う。 **社会活動法（ソーシャルアクション）** 地域社会にない社会資源やサービスを整備するため、法制度の改廃や創設を求めて利用者や関係者が地域社会に働きかけていく方法をいう。 **社会福祉計画法（ソーシャルプランニング）** 社会福祉調査を実施して明らかになった問題に対し、将来を見通した具体的な実施計画を立案し、目標や期間、予算を決め、社会資源の開発等を政策等で示す。
関連援助技術	**ネットワーク** 利用者の問題解決のために、福祉の分野だけではなく保健、医療、教育などと横断的に連絡や調整をとり、多面的なアプローチを構築して支援を行う。 **ケアマネジメント** 利用者が必要とする効率的で継続的なサービスを組み合わせて提供できるよう計画を立て実施する技術である。 **スーパービジョン** 専門職が知識・技術の向上を図り職務上の課題を達成するため、経験豊富なスーパーバイザーが経験の浅いスーパーバイジーに対し、適切な助言・指導を行う。 **カウンセリング** 専門的訓練を受けた援助者が、利用者との相互的心理作用を通して信頼関係を形成し、自由に話ができる雰囲気の中で指導や助言をして問題の解決を図る。 **コンサルテーション** 福祉だけでは援助や解決が難しい問題に対し、医療、保健、教育等の分野の専門職に意見を求めたり、助言・指導を受ける。

（筆者作成）

ク」の用語が使用されるようになった。

ボルチモアのCOS職員として雇われたメアリー・リッチモンドは、ソーシャル・ケースワークを理論的に体系化した人物として有名であり、「ケースワークの母」と呼ばれている。ソーシャル・ケースワークの前提となる理論的枠組みとして、医学、精神医学、法律学、教育学、心理学などを取り入れて基盤とした。

彼女は人間を取り巻く環境要因に注目し、人と社会環境との相互作用における調整を通して、生活の困難を引き起こす妨げを緩和し、問題の解決に結びつけていくとしている。また社会的診断の構成要素とその展開過程について、『社会的診断論（『社会診断』とも訳されている）』（1917年）で詳細に述べている。

5. ソーシャルワークの発展

リッチモンドによってソーシャル・ケースワークの基礎理論が築かれた後、方法・理論・技術に関する活発な研究や議論が進み、時代の経過とともに多様な理論やアプローチが、対象の問題や状況に応じて適用されるようになってきた。

個人を対象として取り扱うケースワークから、さまざまな社会福祉援助技術が専門分化していく。直接対象者と対面して援助を行う直接援助技術をはじめとして、地域社会を対象とする間接援助技術、必要に応じて用いられる関連援助技術に大別される。**図表1**に援助技術の体系とその概要を示した。

なお、各社会福祉援助技術の内容については、第3章の相談援助とソーシャルワークに譲ることとする。

【参考文献】

岩間伸之・白澤政和・福山和女編著『ソーシャルワークの理論と方法Ⅱ』ミネルヴァ書房、2010年

北島英治『ソーシャルワーク論』ミネルヴァ書房、2008年

黒木保博・山辺朗子・倉石哲也編著『福祉キーワードシリーズ　ソーシャルワーク』中央法規出版、2002年

C・B・ジャーメイン（小島蓉子編訳）『エコロジカルソーシャルワーク──カレル・ジャーメイン名論文集』学苑社、1992年

C・B・ジャーメイン、A・ギッターマン（田中禮子・小寺全世・橋本由紀子訳）『ソーシャルワーク実践と生活モデル（上）』ふくろう出版、2008年

吉田久一『社会事業理論の歴史』一粒社、1974年

M・E・リッチモンド（小松源助訳）『ソーシャル・ケース・ワークとは何か』中央法規出版、1991年

相談援助の意義と機能

笹 志津

第1節　社会福祉における相談援助

1．相談援助の意義

(1) 相談援助とは

　相談援助とは、緊急の場合を除いて、クライエント（ここでは利用者）がパンを必要としたならば援助者はパンを差し出すのではなく、パンを手に入れる手段をいっしょに考えることである。そのために必要な社会資源と連携させると同時に、利用者のパワーを高め利用者自身がエンパワーメント（empowerment）していくこと——人が基本的に持っている改善しようとする能力とパワーの回復、それを高めること——を、相互の信頼関係を通じて支援することである。それは、援助者としての高い価値・知識・技術に裏打ちされたものでなければならない。その専門性により、利用者自身の解決力が引き出されるのである。アンジェリン・ミラー（A. Miller）がイネイブリング（enabling：本人に代わって処理したりめんどうを見ること）の問題を鋭く指摘したように、利用者に代わって問題解決に望むことは非専門的な対応であり、それが深い愛情から発生したことでも、その人から自己決定の権利、自己実現に向けての可能性や成長しようとする力を奪うことになる。

　　　自分を抑えきれなくて、つい私はあなたの靴を揃えてやり
　　　あなたのかばんを運び、あなたの交通違反の罰金を払い
　　　あなたの上司に嘘をつき、宿題を代わりにやってあげて
　　　あなたの通り道から岩をどかし、あなたから奪う
　　　「自分の力でやったんだ！」と言える喜びを　　　　　　　［ミラー、1999］

(2) ソーシャルワークの定義

国際ソーシャルワーカー連盟は、2000年7月27日にモントリオールの総会においてソーシャルワークの定義を新たに定めた。相談援助者と利用者の基本的な関わり方を、価値、理論、実践が相互に影響し合うシステムである、と以下のように定義している。

＜国際ソーシャルワーカー連盟（IFSW）のソーシャルワークの定義＞

ソーシャルワーク専門職は、人間の福利（ウェルビーイング）の増進を目指して、社会の変革を進め、人間関係における問題解決を図り、人びとのエンパワーメントと解放を促していく。ソーシャルワークは人間の行動と社会システムに関する理論を利用して、人びとがその環境と相互に影響し合う接点に介入する。人権と社会正義の原理は、ソーシャルワークの拠り所とする基盤である。

(3) 相談援助の原則

相談者からの問題解決に向けて、相互の関係で最も大切なことは、フランス語で架け橋という意味を持つラポール（rapport）を築くことである。ラポールとは、相互信頼、相互理解に基づく心が通じ合った関係のことで、援助関係の基本となる。保育所においても、ラポールの構築は問題解決のためのキーワードであり、子どもの送迎時の保護者との会話の積み重ねが、ラポール（信頼関係）を築くことにつながっていく。

図表1　バイステックの7原則

援助者の態度	クライエントのニーズ
1. 個別化	個人として対応してほしい
2. 意図的な感情表出	感情を表現したい
3. 統制された情緒的関与	共感してほしい
4. 受容	価値ある人間として受け止めてほしい
5. 非審判的態度	一方的に非難されたくない
6. クライエントの自己決定	自分の人生は自分で決めたい
7. 秘密保持	他人に秘密を知られたくない

出典：[バイステック、1996] を基に作成

相談援助者として守るべき約束事や基本的態度と言える原則はいくつかあるが、ここではバイステック（Felix P. Biestek, 1912～1994）の原則を紹介する（**図表1**）。古典的だが長い間受け継がれてきた援助者の行動原理ともいわれる援助関係における相互作用であり、7つの原則は利用者の基本的なニーズから導き出されたものである。

2．社会福祉の基本理念

(1) ノーマライゼーション

　ノーマライゼーション（normalization）の日本語訳は「等生化」とされた。従来日本にはない概念のため、国立国語研究所が日本語への言い換えで苦慮したようで、差別的な意味の可能性を懸念して「等生」という言葉を造語し、新しい福祉の考え方を提唱したという経緯がある。

　ノーマライゼーションという理念は、「ノーマライゼーションの父」といわれているデンマーク社会省の当時の担当者であったバンク＝ミケルセン（N. E. Bank-Mikkelsen, 1919～1990）によるものである。

> 　障害があるからといって、社会から阻害され差別される理由はないのです。たとえ身体的あるいは知的な障害があっても、彼は一個の人格を持ち、障害が無い人と人間として何ら変わりないのです。障害のある者が、社会で日々を過ごす一人の人間としての〔生活状態〕が、障害のない人びとの〔生活状態〕と同じであることは、彼の権利なのです。　　［花村、1999］

　ノーマライゼーションの用語自体は、1946年にスウェーデン教育省の報告書の中ですでに使用されていたが、ノーマライゼーションが普遍化できる理念として位置づけられたのは、「ノーマライゼーション」という言葉が世界で初めて法律で用いられたデンマークの1959年法の前文においてである。障害者施設は、日本に限らずヨーロッパやアメリカでも、障害者を社会から排除・隔離するためのものであったが、1950年代デン

マークの「知的障害のある親の会」の活動により社会省に提出された要望書を契機として、施設改革などが活発化していった。
　アメリカでノーマライゼーションを独自に発展させたヴォルフェンスベルガー（W. Wolfensberger）は次のように語っている。

　ですから可能な限り同じ条件のもとに置かれるべきです。そのような状況を実現するための生活条件の改善が必要です。それを表現する言葉として『ノーマリゼーション』という語を用います。彼らの人としての権利が実現するような社会の状態をつくりだしていかなければならないのです。（中略）当たり前のことなのです、ごく当たり前のことなのです。もし自分がその立場になったらどうあってほしいかを考えれば、そこから導き出されてくる答えなのです。　　　　　　　　　　［ヴォルフェンスベルガー、1982］

　この理念は、1969年、ノーマライゼーションの育ての父といわれたニイリエ（B. Nirje, 1924～）によって体系化され、国際的に普及していった。彼は、どんなに重い障害があっても権利として、次に掲げる8つのノーマライゼーションの原理が保障されなければならないと主張している。

　　1．一日のノーマルなリズム
　　2．一週間のノーマルなリズム
　　3．一年間のノーマルなリズム
　　4．ライフサイクルにおけるノーマルな発達的経験
　　5．ノーマルな個人の尊厳と自己決定権
　　6．その文化におけるノーマルな性的関係
　　7．その文化におけるノーマルな経済水準とそれを得る権利
　　8．その地域におけるノーマルな環境形態と水準　　　［ニイリエ、2004］

　そして、各項目について具体的な目標を提示している。

「知的障害を持つ親の会」とバンク＝ミケルセンの人権擁護運動から発展したノーマライゼーションの理念は、現在では障害者分野に限らず、世界共通の社会福祉の基礎理念となっている。またノーマライゼーションの原理は、人権や生活の質、平等の概念という視点からも考察されている。

(2) 自己実現

　社会福祉の究極目的は、自己実現（self actualization）である。福祉の先進国といわれているスウェーデン、デンマークなどの北欧でも、自己実現を可能にすることを社会福祉の目標に挙げている。ミルトン・メイヤロフ（M. Mayeroff, 1908～1979）は、「他者の自己実現を助け、結果として自己の実現されること」と定義している。

　アメリカの心理学者マズロー（A. H. Maslow, 1908～1970）は、基本的欲求に関する研究で、人間の欲求には階層的序列があると考えた。人間は成長する能力を持っているとし「実際にすべての人間の中には、確かにほとんどすべての新生児の中にも、健康への能動的な意志、成長への、もしくは人間の可能性実現への衝動があるとみなすことが道理に合うものであることを示している」［ゴーブル、1999］という結論に達している。それは下位の欲求が充足されることによって、最終的な段階に自己実現の欲求が出現するという理論である。

第2節　相談援助の専門職

1. 相談援助専門職の概念

(1) 専門職とは

　一般的な専門職（profession）の代表的なものとして、医師、弁護士、

聖職者、教育者、研究者、看護師などがある。

　社会福祉領域において、専門職としての認知が社会的になされるようになったのは、近年になって資格制度が創設されてからである。しかし、専門職としての地位がほぼ確立されているといわれている欧米と比較すると、かなり遅れていると言わざるを得ない。

　専門職の特長としては「長期にわたる教育を経て養成されること、理論的知識に基づく技術を習得していること、社会的に認知された資格があること、公共的なサービスを提供すること、さらに職業上の倫理が確立され遵守されていること、職能団体（医師会、弁護士会など）が組織され自立性が確保されていること」［ゴーブル、1999］などが挙げられる。

(2) 相談援助の専門職

　現在日本では、法的に位置づけされた相談援助専門職は、社会福祉士、精神保健福祉士、保育士などがある。

　社会福祉の専門職としての資格は、以前までは社会福祉主事任用資格（1951年制定の社会福祉事業法）と保母資格（現在の保育士）のみであった（児童福祉法施行令第13条）。しかし、世界的にも最も早いスピードで進行する高齢化（わが国の高齢化率は、1970年に7％を超え、24年後の1994年には、2倍の14％に達している）と、それに伴う福祉ニーズの多様化や高度化により、社会福祉の専門的な対応の必要性から、1987年に「社会福祉士及び介護福祉士法」が制定され、日本で最初の社会福祉の国家資格が誕生したのである。1997年には「精神保健福祉士法」が制定され、2001年の児童福祉法改正により保育士の国家資格化がなされた。社会福祉士、精神保健福祉士の業務内容は「相談援助を業とする者」と規定されている。保育士は「児童の保育及び児童の保護者に対する保育に関する指導を行うことを業とする者」と新たに相談援助業務が加えられた。国家資格化の大きな意義として、相談援助の専門職としての資質が向上したこと、社会的な認知による社会的評価が高まったことが挙げられる。

(3) 資格の特性

　資格の特性として、名称独占と業務独占がある。社会福祉士、介護福祉士、精神保健福祉士、保育士のいずれの資格も、名称独占である。名称独占とは、資格を持たない者でも業務に従事することができるが、これらの名称を使用してはならないということである。例えば、施設や医療機関等において、社会福祉士、精神保健福祉士の国家資格がなくても利用者に対して相談援助の業務ができる。保育士の場合も同様で、資格がなくても保育助手の形で同等の業務に就くことができる。

　医者、看護師、弁護士、税理士などは、その資格を持っている者しかその業務に従事することができない。また、その名称を使用することもできないという業務独占資格と名称占資格の両側面を持っている。

2. 社会福祉専門職としての要件

　日本では古くから「福祉は人なり」と、援助者の資質が重要であると言われ続けてきた。イギリスの経済学者アルフレッド・マーシャル（A. Marshall, 1842～1924）の人のありようを表現した有名な言葉がある。「冷静な頭脳と温かい心を持たねばならない（Cool Head and Warm Heart）」。この言葉の冒頭に「経済学者は」の文言が付いていたが、それを省くと福祉専門職にも通じるものがあるとし、さまざまな場面で使われるようになった。一番ヶ瀬康子（1927～）は、マーシャルの言葉から「どんなに冷たい頭で分析しても、あるいは認識しようとしても、そこからは何も生まれない。法則はつかめても意味がない。問題は、人間への、一人ひとりへの熱い想いが前提になければ、どうするかということへの積極的意欲も工夫も生じない」［アエラ編集部、1997］と述べている。また、西原雄次郎（1946～）は、「社会福祉職が専門職として利用者にとって安心して相談その他の援助を求めることができる一つの指標は、その職業が社会的承認を得ているということである」［岡本・小田、1990］と述べている。社会的承認の一つとして国家資格という制度も該当する

が、西原はその他の条件として、社会福祉に関する体系的理論によって、その正当性を主張できること、社会的認知を得ている自立した専門職集団が存在すること、また倫理綱領の存在、などを挙げている。

第3節　相談援助の機能

1．相談援助の機能とは

(1) 福祉ニーズの多様化

　社会福祉サービスの対象者は、貧困、高齢者、障害者などかつて弱者と言われた人のみならず、現代では不況、リストラ、ホームレス、ニート、児童・高齢者虐待の増加、DV、ひとり親家庭の増加などで急増している。また、65歳以上の高齢者数は2980万人（総人口の23.3％）で過去最高となっている（2011年9月現在）。さらに、女性の社会進出や少子高齢社会に伴い、核家族化と同時に、家庭機能の脆弱化の進行、地域社会の崩壊などによって、育児や介護も社会に委ねられるようになった。

　以上のように、解決すべき問題が個人に帰属するべきとは限らない多くの環境的・社会的な要因が含まれていることや、障害者の自立と社会参加、措置から契約への移行で、支援を必要としている人たちのニーズも多様化し、拡大しているのが現状である。かつてのような保護・救済に限らず、個人の尊厳と人権、生活の質の向上など、全ての国民を対象としたウェルビーイング（well-being）の実現のためには、専門性のある役割としての援助が求められている。

(2) 相談援助の機能

　国民一人ひとりに援助者が付くという福祉先進国であるデンマークは、

「世界一幸福な国」第1位にランキングされた(2009年)。それは、保障された生活、豊かな人間性とそれぞれの自己決定、自己実現達成の生き方が浸透しているからである。人は誰しも心身ともに、また生活全般においてよりよい状態に置かれているときに幸福を感じる。

人としての尊厳と人権が尊重され、自己実現が達成された状態すなわちウェルビーイング(well-being)が、援助の機能であり目標である。それは、すべての人間に平等に与えられた権利である。それがなんらかの原因でその権利が阻害され、援助を必要としている利用者が増加している。援助者は問題解決のために利用者自身の力を引き出し、自己実現が達成できるように側面から専門的な援助を展開しなければならない。

社会福祉の一般的機能について岡村重夫(1906～2001)は、①評価的機能、②調整的機能、③送致的機能、④開発的機能、⑤保護的機能の5つを挙げている。また、ピンカス(A. Pincus)とミナハン(A. Minahan)の社会福祉援助の機能など、いずれも、利用者本人の解決能力を高め、社会上の問題や社会資源の情報の提供、その利用法など、利用者と資源との相互作用を機能として打ち出している。利用者が抱えている問題は、個人の責任のみならず社会的、あるいは環境的、また、それらが混在しているなど多様化している。相談援助を社会福祉援助実践の重要な位置づけの一つとして考えた場合、単に直接的な援助に限らず社会資源との仲介・調整などの役割を通して利用者の自己実現に向け、相談援助の機能を果たすべきである。

2. 保育士と相談援助の機能

(1) 子どもと家庭福祉

かつて「子どもは国の宝」であったはずの日本で、日本救世軍の創立者の山室軍平(1872～1940)は、1899年発行の著書『平民の福音』で「愛は家庭から始めなければならない」と家庭の重要性を述べている。

スウェーデンの社会思想家エレン・ケイ(E. Key, 1849～1926)は、

1900年に発行された『児童の世紀』("The Century of the Child")の中で、20世紀は「児童の世紀」にすべきである、子どもが幸せに育つ平和な社会を築くべきだと主張した。この著書は各国語に翻訳され、子ども中心主義の教育改革は世界的にも注目された。これを受けるような形で、1909年セオドア・ルーズベルト（T. Roosevelt, 1858～1919）大統領は、全米の各界代表者を招集し、要養護児童に関するホワイトハウス会議（White House Conference on Children and Youth）を開催した。この会議では、子どもにとって、いかに家庭での養育が大切であるかが宣言され、その後の育児思想の基本となっている。

(2) 保育士と相談援助の機能

2008年の保育所保育指針において、保育所の機能・役割について、通常業務である保育の充実に加え、地域においては子育て家庭における保護者の負担や不安・孤立感の増加など養育機能の変化に伴う子育て支援が求められている。これらは保育所の重要な役割であるとしている。

2008年の児童福祉法の大幅な改正により、「乳児、幼児等の保育に関する相談に応じ、及び助言を行うよう努めなければならない」（第48条の3）こと、「保育所に勤務する保育士は、乳児、幼児等の保育に関する相談に応じ、及び助言を行うために必要な知識及び技能の修得、維持及び向上に努めなければならない」（同条第2項）ことが規定された。特に日常的に子どもに関わることが多い保育士は、児童虐待の早期発見や子どもの心身のケア、発達障害児への対応などについても重要な役割を担っている。また個々の子どもが抱える問題へのアプローチも含め、諸関係機関・団体・施設等との連携などにより専門的な知識とスキルを身につけることが求められている。

このように、保育士が保育の専門職として持っている知識・スキル・倫理などに加え、相談援助者としても専門的な力を持つことが期待されているのである。

【引用・参考文献】

アエラ編集部編『社会福祉学のみかた。』(アエラムック21)、朝日新聞社、1997年

秋山智久『社会福祉実践論——方法原理・専門職・価値観〔改訂版〕』ミネルヴァ書房、2005年

植田章『社会福祉援助実践の展開——相談援助の基盤と専門職』高菅出版、2011年

W・ヴォルフェンスベルガー（中園康夫・清水貞夫編訳）『ノーマリゼーション——社会福祉サービスの本質』学苑社、1982年

大久保秀子『新・社会福祉とは何か』中央法規出版、2010年

大沢裕・高橋弥生編『保育者論』(保育者養成シリーズ)一藝社、2011年

岡本民夫・小田兼三編著『社会福祉援助技術総論』ミネルヴァ書房、1990年

河東田博『ノーマライゼーション原理とは何か——人権と共生の原理の研究』現代書館、2009年

北島英治・米本秀仁・白澤政和『社会福祉援助技術論（上）』(新・社会福祉士養成テキストブック)ミネルヴァ書房、2007年

F・ゴーブル（小口忠彦監訳）『マズローの心理学』産能大学出版部、1999年

社会福祉士養成講座編集委員会編『相談援助の基盤と専門職』(新・社会福祉士養成講座6)中央法規出版、2009年

F・P・バイステック（尾崎新・原田和幸・福田俊子訳）『ケースワークの原則』誠信書房、1996年

B・ニイリエ（河東田博訳）『ノーマライゼーションの原理——普遍化と社会変革を求めて〔新訂版〕』現代書館、2004年

花村春樹『「ノーマリゼーションの父」N・E・バンク＝ミケルセン——その生涯と思想〔増補改訂版〕』ミネルヴァ書房、1999年

深澤里子・春見静子編著『社会福祉援助技術論』光生館、2002年

A・ミラー（夏生悠訳）『何がまちがっていたの——「愛」で支配するひと・イネイブラー』ヘルスワーク協会、1999年

松下育夫・張昌鎬・船城秀樹編著『社会福祉講義』学文社、2007年

第3章

相談援助とソーシャルワーク

日高　洋子

第1節　相談援助とは

1. 相談援助の場と対象となる問題

　ここで学ぶ相談援助とは、友人間の悩みごと相談や家族間の経済援助ではない。社会福祉の現場における相談援助である。社会福祉の現場とは、児童相談所、福祉事務所、保育所、児童館、児童養護施設、児童自立支援施設、母子生活支援施設、児童家庭支援センター、児童発達支援センター、地域包括支援センター、高齢者デイサービスセンターや老人ホーム、社会福祉協議会などを指す。これらの社会福祉機関・施設での相談援助とは、援助者（ソーシャルワーカー、あるいはワーカーともいう）が、個人や家族、地域社会（の住民）が抱える生活上のさまざまな問題の解決（あるいは緩和）を目指して展開される援助活動である。

　生活上のさまざまな問題とは、失業による生活困難、ひとり親家庭の育児・就労困難、障害児（者）・高齢者ケアの人手不足、育児不安、子どもや高齢者、障害児（者）に対する虐待、国籍・年齢・性・ひとり親家庭・障害児（者）に対する差別等が挙げられる。これらの生活上の問題は複雑に絡み合いながら、個人や家族、地域住民の上に現れてくる場合が多い。

　また、当事者自身が問題に気づいていない場合や、利用できる援助を知らないため、問題に苦しんでいることもある。核家族化や近隣との関わり合いの希薄化も問題の複雑化・深刻化に拍車をかけている。

2. 相談援助の活動内容

　これらの生活上の諸問題に対して、上記の社会福祉機関・施設に所属する専門家（援助者、ソーシャルワーカーともいう。本章では以下ワー

カー）は、困難に陥っている人々（利用者、クライエント。本章では以下利用者）とともに、今、解決すべき問題は何か考え合いながら、解決・緩和のためには何が必要なのか見極める利用者の力（利用者の対処能力：coping ability）を高めていく。そして、問題解決に効果的な資金・施設・人材などの社会資源と利用者をつないでいくのである。

ところで、社会資源とは、生活のための資金や住まいだけではなく、地域の子育てグループや、高齢者・子どもの見守りネットワークなども含まれる。地域の人々による子育てグループや見守りネットワークがない場合には、これらの社会資源を創り出すにはどうすればよいのか、住民の話し合いの場を設定し、他地域の実践モデルなど必要な情報を提供するのも相談援助の一つである。

相談援助とは、社会福祉機関・施設に相談にやって来る人を待つばかりではない。児童虐待の例に見られるように、第三者から見れば明らかに問題を抱え、子どもも保護者も危険な状態にあると判断される場合は、援助者のほうから積極的に出向いて、当事者に相談のテーブルに着くよう促すことも必要である。例えば、精神のバランスを崩し子どもを保育所に通所させない保護者を援助者（ここでは保育士）が家庭訪問して、相談に乗る場合などである。

このように、援助者側から出向いて危機的状況にある個人・家族に援助の手を差し伸べるやり方をアウトリーチ（out reach）という。しかしこのような場合、訪ねた相手から拒否されることもしばしばある。

相談援助困難な場合には、一人の援助者あるいは一機関・施設だけが抱え込まず、複数の援助者や援助機関・施設の関わりが必要となる。このとき、援助関係者間のネットワークを作り出す活動も、相談援助に欠くことのできないものである。その意味で、援助者（保育士）、保健師、医師、児童家庭支援センターの援助者、児童福祉司らが一堂に会し、利用者にどのように対応すればよいのかを考えていくケースカンファレンス（case conference、ケアカンファレンス：care conferenceともいう）は重

要である。この会議では、他者の意見を聴き、適切な援助のあり方を皆で検討するとともに、自分の果たす役割は何かを明確にしながら、利用者に対応できるからである。

　また、相談を実際に開始する前の大切な援助として、情報提供が挙げられる。認知症高齢者や障害児のケア相談の場や育児相談の場などについて、正確でわかりやすい情報を多くの人々に伝える活動は、2つの意味で大切である。1つは、情報を得た人々が自ら進んで援助を活用し解決しようとする意欲を生み出すこと、もう1つは、事態の悪化を未然に防ぎ、効果的な援助につながる可能性を持つことである。

　逆に、相談援助を行うとき、個人・家族から得られた個人情報をどのように守るか、援助関係者で話し合い確認することが求められる（守秘義務の徹底）。また、相談援助を展開するとき、援助者は、自己の感じ方・考え方・振る舞い方の傾向について客観的に理解しておくことが大切である（自己覚知）。そのために、社会福祉施設・機関において、新人あるいは中堅ワーカーが、熟達したワーカーからアドバイスや支援、業務管理を受けること（スーパービジョン：supervision）、仲間どうしで援助者としてのあり方を振り返ること（ピア・スーパービジョン：peer supervision）が有効である。このほか、医師、弁護士など異業種の専門家からアドバイスを受けるコンサルテーション（consultation）も役に立つ。

　社会福祉現場での相談援助とは、中立的な援助者が、問題を抱える個人・家族・地域住民とともに考え、社会資源を使いながら、"自分らしく、同時に、他者と共に生きる状態"を創り出すため、"生きる力を引き出していく活動"とも言える。

第2節　ソーシャルワークとは

1. ソーシャルワークの成り立ち

　ソーシャルワークとは、保育所や児童家庭支援センター、児童発達支援センター、児童養護施設、母子生活支援施設、児童相談所や福祉事務所など、社会福祉の相談援助現場で使われる社会福祉援助技術の総称である。

　国際ソーシャルワーカー連盟は、2000年7月にソーシャルワークの定義をしているが、これは「一人ひとりが自分らしく生きることができるよう、問題を抱える個人の対処能力を強めるとともに、彼（彼女）が関わる周囲の環境改善を図るための、専門家による支援」と解釈される。

　ソーシャルワークは、①問題を抱える個人・家族と援助者が、面接などによって対面的に関わりながら問題解決を援助していく「個別援助技術（ソーシャル・ケースワーク、ケースワークとも）」、②援助者が、同様の問題を抱える10名内外のグループを活用しながらそれぞれの個人・家族の問題解決を援助する「小集団援助技術（ソーシャル・グループワーク、グループワークとも）」、③地域住民たちが協力し合いながら、生活問題の解決を図ることができるよう援助する「コミュニュティ・オーガニゼーション（community organization）」、が代表的なものとして挙げられる。

　このうち、①と②は、対面的（face-to-face）な関係で個人・家族を援助するものとして、総称して「直接援助技術」と呼ばれる。これに対して③は、地域住民全体を援助対象とするものとして「間接援助技術」と呼ばれる。

　ソーシャルワークは、19世紀後半、イギリス、アメリカなどの産業革

命後の産業資本主義社会に芽生えた。その背景には、職を求めようと都市に流れ込む人々による都市人口の急増、パンなどの物価の上昇、低賃金労働や失業、犯罪の多発は、社会の安定を脅かすことになった。このような状況に心を痛めた人々の手によってCOS（Charity Organization Society：慈善組織協会）が創られた。1869年にロンドン、1877年にはアメリカのバッファローで創立されたこの団体では、スラム街の住民を、ボランティアが訪問して訴えを聞き、就労意欲を高めようと試みた（友愛訪問）。これは、個別援助技術の芽生えとされる。

　COSの活動とほぼ同時期に、セツルメント運動（settlement movement）もイギリス、アメリカで展開された。セツルメント運動とは、大学教員、学生らがスラム街に住みついて住民と生活を共にしながら、協力して医療活動・保育活動・教育活動を行い、スラム街の生活改善を図ろうとする活動である。この活動は、コミュニティ・オーガニゼーションの萌芽とされる。また、教員・学生が、労働者とのグループディスカッションを通して、労働者たちが自らの生活問題（貧困問題）に気づき解決できるように働きかけた実践は、小集団援助技術の起源としても捉えられる。

2．ソーシャルワークの発展

　COSやセツルメント活動と、そこから生み出されたソーシャルワーク（社会福祉援助技術）の芽は、ソーシャル・ケースワークを中心に科学的・専門的な技術として発展していく。

　友愛訪問はやがてアメリカで、リッチモンド（M.E. Richmond, 1861～1928）の努力によって、「ボランティアの慈善意識によって、相手の人格変化や就労意欲の向上を促す活動」から抜け出し、「ソーシャル・ケースワーク（個別援助技術）」に高められた。「ソーシャル・ケースワークの母」と呼ばれるリッチモンドは、1922年の著作『ソーシャル・ケース・ワークとは何か』の中で、ソーシャル・ケースワークとは、「社会学、心理学、精神医学、医学、法学、経済学などの専門的知識を

背景に、個人（ときには家族）の抱える生活上の問題とその原因を明らかにし、原因を取り除いて、個人の人格の発達（同時に、社会の発達）を図ろうとする有給の専門家による実践過程」［リッチモンド、1991］であると説明している。原因と結果を明確にする実証主義科学、生活上の問題の原因を過去の親子関係に求める精神分析の双方から影響を受けたリッチモンドのソーシャル・ケースワーク論は、支持とともに、個人の心理に原因を求めすぎるとして、批判的再検討がなされた。

　この時期、ソーシャル・ケースワークの専門分化も急速に進み、同時に、統合への努力も図られた。1923年に開催されたミルフォード会議では、援助視点の共有性は何か、普遍性とは何かという観点から、ジェネリック・ソーシャル・ケースワークについて話し合われた。すなわち、教育、司法、児童福祉、精神障害者福祉などさまざまな専門領域で実施されているスペシフィック・ケースワークに対して、領域を問わず活用できる一般的・基礎的なケースワークとは何か、そのための教育カリキュラムは何か、が討議されたのである。

　このテーマをさらに発展的に継承したのが、バートレット（H. Bartlett, 1897〜1987）である。彼女は、1970年『社会福祉実践の共通基盤』を著し、ソーシャルワーク全体の根底をなす共通の価値と専門知識を探り、社会福祉援助技術間の調整を図ろうとした。バートレットは、個人・小集団・地域社会における援助を効果的なものとしていくためにケースワーク、グループワーク、コミュニティ・オーガニゼーションの基礎となる共通の価値観（個人の尊重と民主主義）・知識（人や社会に関する科学）を明らかにしたうえで、利用者の状況に応じて上記の3つの技術を調整して用いること（ソーシャルワークの統合化）を主張した。

3. 今日のソーシャルワーク

　この流れを受けて1980年代以降のソーシャルワークは、エコロジカル・ソーシャルワーク（ecological social work、ライフモデル・アプロー

チ：life-model approachともいう）が重視されるようになった。この理論では、問題を個人と環境の双方が関わる接触面に生じた不調和として捉え、援助者が、個人・環境の双方に介入し、個人の対処能力の増強援助と、環境の質向上のための環境改善援助を展開する。

　エコロジカル・ソーシャルワークは、生態学理論に基づいているとされる。ジャーメイン（C. Germain, 1916 ～ 1995）とギッターマン（A. Gitterman, 1938 ～）を代表的研究者とするエコロジカル・ソーシャルワーク論は、以下のようなものである。

　個人と環境とは、本来共生関係にある。個人が環境からの要求に応えられない場合、彼は心理的圧力（生活ストレス）を感じ、環境に拒否的な反応を示す。その結果、環境と個人の関わりはさらに悪化する。この負のスパイラルを断ち切るため、援助者は個人に向かって、カウンセリング的働きかけなどを活用しながら環境に積極的に対応する力を培うべく援助し、環境に向かっては改善を呼びかける。環境改善には、当事者が主張できない意見・思いを、本人に代わって行政、職場の上司や地域住民など周囲の人々に伝え、環境を変えていくアドボカシー（Advocacy：代弁）がしばしば用いられる。

　ところで日本では、2000年4月1日の介護保険制度の実施以降、エコロジカル・ソーシャルワークとともに活用される関連援助技術が、ケアマネジメント（care management）である。在宅生活を希望する高齢者や障害児・者と家族が、援助者（この場合、ケアマネージャーという）とともに利用者・家族と環境双方にある困難（課題）を見極めながら、課題に対応する必要な複数のサービス（保健・医療・福祉サービスなど）を組み合わせた援助計画（ケアプラン）を作成する。そして実際に、複数のサービスをつなぎながら利用者・家族に提供していくやり方である。このときケアマネージャーは、一方的にサービスを押しつけるのではなく、利用者・家族の選択と利用意思を最大限尊重する。

　また、このサービスは、ホームヘルプサービス、デイサービス、訪問

看護などの法律に基づくフォーマルな社会資源のみならず、近隣住民や友人らの見守りといったインフォーマルな社会資源も活用して、包括的なケアプランを作成し、利用者の地域での生活を実現していく。同時にケアマネージャーは、提供されているサービスの質や量が十分か、サービスの提供によって利用者や家族は安定しているか、常に見守り（経過観察、モニタリングとも）を続ける。そして、利用者に不安定が生じた場合、再びアセスメントを行い、ケアプランの修正を図ることになる。この作業を繰り返し続けることによって、利用者の地域での生活存続の可能性も高まっていく。施設福祉より在宅福祉が強調される今日の日本において、ケアマネジメントの重要性はさらに増すことが予測される。

第3節　相談援助とソーシャルワーク

1. 戦後日本における社会福祉現場の変化

　最後に、日本の社会福祉現場における相談援助とソーシャルワークの関連について考えてみよう。

　社会福祉基礎構造改革については1980年代から論議されてきたが、2000年制定の社会福祉法にその内容が集約され、戦後日本の社会福祉のあり方を大きく変えた。それには、次のような背景が横たわっていた。

　1973年秋のオイルショックによる日本の高度経済成長の停滞、世界的構造不況の到来、少子高齢化の進行によって、日本社会は未曽有の経済危機的状況に陥り、福祉財源の危機も生み出した。一方、高齢者の増加は多様な介護ニーズを生み、仕事と育児の両立を迫られる若い核家族も多様な保育ニーズを抱えるようになった。また、施設を出て地域で自立生活を送ろうとする障害者も増えてきた。言い換えれば、第二次世界大

戦後の生活保護や、障害児・者施設への入所措置など、特定の対象者に対する相談援助では十分とは言えない状況となっている。

　以上の2つの大きな状況変化によって、社会福祉事業法の大幅改正が行われた。改正によって社会福祉法と改称された法律の第1条は、「この法律は、社会福祉を目的とする事業の全分野における共通的基本事項を定め、社会福祉を目的とする他の法律と相まって、福祉サービスの利用者の利益の保護及び地域における福祉（以下、「地域福祉」という）の推進を図るとともに、社会福祉事業の公明かつ適正な実施の確保及び社会福祉を目的とする事業の健全な発達を図り、もって社会福祉の増進に資することを目的とする」と規定している。

　この条文は、社会福祉サービス（援助）を利用して地域で生活する障害者や高齢者の権利を守ること、提供される社会福祉サービスの質・量の確保と社会福祉サービス事業の発展を強調している。つまり、この条文は、先の社会的背景によって、新たな社会福祉のしくみが創り出されたことを示している。例えば、1997年、介護保険法の制定によって、高齢者が介護サービスを自ら選択・利用し、利用費用の一部を自己負担するしくみが創設された。

　ほかには、身体障害者福祉法、知的障害者福祉法、児童福祉法などの一部を改正して、障害者自立支援法が制定され、障害児・者サービスについて、サービス利用者が自らの意思と責任において利用したいサービスを選択、費用の一部を自己負担するしくみも作られた。例えば、子どもの療育をしてほしい保護者は、児童発達支援センターなどに相談する。相談を受けた児童発達支援センターは、障害（児）福祉のサービス提供事業者につなぐ。障害（児）福祉のサービス提供事業者は、本人および家族の状態を見極め、保護者とともに必要な療育サービス計画を作成し、保護者の了解を得て、市町村にサービス利用費の支給申請を行う。保護者は、子どもが療育サービス利用後、サービス利用費の一部を自己負担するというプロセスである。

このように、社会福祉サービスを選択・利用するための相談援助が、さまざまな対象者に対して、さまざまな場所でなされるようになった。
　反面、先に見たような不安定な経済・社会状況は家族にも反映し、児童虐待などの問題が急増している。また、発達障害など生きづらさを抱える子どもも増加し、保護者は、生活維持や療育に困難を極めている。
　言い換えれば、生活苦や障害が、保護者と子どもを追い詰めている。「経済的に余裕がないのに、障害のある子どもが生まれてきた。だから、子どもがかわいいと思えない」「夫がリストラにあって家計が苦しいのに、障害を持った子どもとどのように向き合い、発達を促していけばよいのか分からない。子どもを殺して自分も死にたい」という状況である。

2. 今日の社会福祉現場での相談援助とソーシャルワークの関連

　市町村中心の社会福祉である「地域福祉」を強調する社会福祉法の下で、これらの相談援助をまず担うのは、保育所や児童家庭支援センター、児童発達支援センターの援助者たちである。この場合の相談援助は、「がんばって」という激励や「だいじょうぶ」といった安請け合いではない。ソーシャルワークの理念・理論や展開過程に基づく相談援助の実践が求められることになる。同時に、子どもの心身の発達段階の理解に基づく具体的な相談援助が必要とされる。
　援助者（ここでは保育士）は、利用者（ここでは保護者）の抱く感情や混乱を責めることなく、訴えを聴き取った（「傾聴」と「受容」）うえで、利用者本人と利用者の生活環境の現状を把握する。そして、今ここで解決すべき課題は何かを保護者とともに考え、明確にする。
　このとき援助者は、利用者や環境の困難や欠陥のみに目を向けるのではなく、利用者の将来へのかすかな希望、支えてくれる友人や近隣住民といったストレングス（strengths：長所・強み）を見つけ出し、解決につなげていく視点（ストレングス視点）を忘れてはならない。ストレングス視点を根底に置いた相談援助は、援助者と利用者双方に、解決への

建設的な展開を可能にしていく。同時に、利用者の自己選択・自己決定を極力尊重して、課題解決に効果的な複数の社会資源と利用者を結びつけ、利用者自身の安定と環境の変革を図っていく。

　また相談援助の際、一人の援助者や一つの援助機関・施設のみが問題を抱え込まないことが大切である。例えば、経済的な不安を訴える保護者には、福祉事務所との連携によって経済的自立を援助する。また、精神的に不安定な保護者や障害を持つ子どもが保育所を利用する場合は、児童家庭支援センター、児童発達支援センター、保健センター（あるいは保健所）、医療機関、児童相談所などとの連携が必要である。常に複数の社会的支えがあることは、孤立しがちな保護者と子どものみならず、援助者にとっても心理的安定につながる。そのためには、「助けを求めてよいのだ。助けを求めることが、より安定して生きるための大切な能力（対処能力）なのだ」ということを援助者自身が理解し、利用者に伝えながら、お互いにそれを実践していくことが大切であろう。

　さらには、援助者が個別に利用者に関わり相談援助を行いながら、利用者どうしを結びつけていく働きも忘れてはならない。同じ問題（例えば障害児の療育問題）を抱える者どうしが、苦しみを分かち合いながら、新しい考え方・感じ方・振る舞い方を考え合い、自らを障害へのとらわれから解き放っていく。だから、当事者グループ形成の支援は、小集団の力を活用した相談援助として大きな意味を持つ。

　こうして育った当事者グループが障害児・者の現状を訴えるビラまきや講演会を活用して地域社会に働きかけ、住民の理解を深め、療育に協力してもらう活動を展開する。それは、地域福祉を目指した相談援助の一つの姿と言えよう。このとき、署名運動やビラ配りのやり方を保護者に伝えていくのも援助者の役割である。

　個別相談から地域（住民の協力意識）の向上までが、相談援助の一連のプロセスであり、その実現は絵空事ではないと、援助者と利用者が共に認識したとき、相談援助が実を結んだと言える。

3. 相談援助の実際

　最後に、一つの事例を紹介しよう。

　早春のある日の午後、K市の児童家庭支援センターの交流の場に、子ども（1歳6カ月）を連れ、ぽつんと座っている母親の姿を見た援助者（保育士）が声をかけた。母親は、子どもの知的発達の遅れを、ある場で指摘されたという。援助者は面接室に母親を迎え入れた。そして、母親の苦しみを傾聴・受容しながら、子どもの発達の道筋について話し、子どもの発達を促す親子遊びをいくつか伝えた。同時に、交流の場に集まっていた他の母子に声をかけ、実際にやってみることにした。

　遊んでいるうちにみんなの緊張がほぐれ、その母親も含めておしゃべりが始まった。すると、ポツリポツリとほかの母親からも、子どもの発達に関する不安の声が上がった。そこで、援助者は子どもの発達や障害について、近くの児童発達支援センター職員の"話を聞こう会・話してみよう会"開催を提案、参加者を募った。すると、子どもの発達に不安を持つ母親たちは誘い合って出席、熱心な質疑応答が行われた。中には、療育の現場（児童発達支援事業）を見学したいと申し出る母親も現れた。見学では、現場職員による療育の実際やサービス利用の手続きについて伝えられた。

　児童家庭支援センターや児童発達支援センターを利用し、先の母親をはじめとする保護者たちはまとまりを見せ、しだいに笑顔と落ち着きを取り戻していった。そして、彼らは児童家庭支援センターや児童発達支援センターの援助者たちと相談しながら、いまだに子どもの障害を認められない、相談の場を知らない保護者に情報を提供するため、ビラまき活動を街頭で始めた。すると、地域の人々も、子どもの"障害"に理解を示してくれるようになり、スーパーなどで奇声を発する子ども、走り出す子どもを温かく見守ってくれるようになってきた。児童発達支援センターや児童家庭支援センターのイベントには、親子連れで参加する近

隣住民の姿も目立つようになっている。

【参考文献】

秋元美世・芝野松次郎・森本佳樹・大島巌・藤村正之・山県文治編『現代社会福祉辞典』有斐閣、2003年

岩田正美監修『ソーシャルワークとはなにか』（リーディングス日本の社会福祉4）日本図書センター、2011年

久保紘章・副田あけみ 編著『ソーシャルワークの実践モデル――心理社会的アプローチからナラティブまで』川島書店、2005年

社会福祉辞典編集委員会編『社会福祉辞典』大月書店、2002年

C・B・ジャーメイン、A・ギッターマン（田中禮子・小寺全世・橋本由紀子監訳）『ソーシャルワーク実践と生活モデル（上・下）』ふくろう出版、2008年

H・M・バートレット（小松源助訳）『社会福祉実践の共通基盤』ミネルヴァ書房、1989年

柳澤孝主・坂野憲司編『相談援助の理論と方法Ⅰ――ソーシャルワーク』（社会福祉士シリーズ7）弘文堂、2009年

M・E・リッチモンド（小松源助訳）『ソーシャル・ケース・ワークとは何か』中央法規出版、1991年

B.B. Solomon, *Black Empowerment social work in oppressed communities*, Columbia University Press, 1976

第4章

保育とソーシャルワーク

室井　佑美

第1節 保育における相談援助

1. 保育とは

　人は未来に向かって育っていく存在である。そして、子どもは人として身体やココロが健やかに育つことが大切であり、そのために健全に育てていくことや、子どもを取り巻く環境を適したものにしていくことは社会として担われる大きな役割である。

　保育もまた、「ケアの真髄を包含する意識、態度、行為の典型」[網野、2006]と表されるように、一人の人間が成長し自立に向かう過程において、成長する者自身の育ちを保障する他者が向ける意識、態度、実践と捉えることができる。

　保育所保育指針においても制定当時より、保育所での保育の特性を「養護と教育が一体となって、豊かな人間性を持った子どもを育成するところ」と明記している。ここでの「養護」とは、子どもの健康を保護し、成長を助けることである。また「教育」とは、個性に応じた働きかけや社会の中での働きかけによって、心身ともに健やかに成長し、人間としての豊かさを意図的に展開していく営みのことである。

　ただし、近年では社会情勢や生活環境の変化に伴い、子育てをする社会や家庭の意識、態度、実践にも変化が見られる。そのため、保育は子どもの養護と教育を一体化させた支援だけではなく、子育てをする家庭への指導も含めた社会的な支援としての営みも担っている。加えて、保育という具体的な実践行為は、法制度や政策に基づいて体系化されて営まれているということが前提にある。

2. 保育制度の変遷

　保育は、人類の長い歴史の中で文化的に営まれているが、その時代の社会状況によって、各家庭による私的な営みだけでなく、自治体や民間も担うという社会的な営みとなって位置づけられている。そこで、保育所の社会的整備と保育所保育指針から、保育制度の歴史的変遷を概観していくこととする。

(1) 保育所に関する社会的整備の歩み

　子どもを育てる行為は、古くから血縁（家族）や地縁（地域の近隣者）という私的な関係の中で営まれていた。明治期以降、子どもを持ちながら女性が働き続けられるよう、工場内に託児所が設置され、次いで低所得世帯の子どもを対象とした保育所が設置がされて、社会的に保育が営まれるようになった。

　第二次世界大戦後には、児童福祉法の施行や、ベビーブームによる出生数の急激な増加もあり、保育制度の社会的整備が求められた。高度経済成長期には、労働力確保のため全国的に保育所が設置された。しかし、保育需要に対してサービスとしての供給が量的に対応しきれず、劣悪な認可外保育所運営が「ベビーホテル問題」などとなって社会問題化し、あらためて保育所に関する制度が整備された。

　1990年以降は、従来の雇用対策に加え、少子化対策、子育て支援対策が推進され始めた。保育所の支援の対象も、子どもに加え保護者・家庭へと広がり、「子育て」は地域・社会で支えることと考えられるようになった。

　2000年以降は、社会福祉基礎構造改革もあり、保育所のサービスを利用する枠組みは大きく転換した。保育士も、名称独占資格として法定化された。また、次世代育成支援対策推進法が制定され、保育所は、待機児童の解消、地域の子育て支援機能の拡大、ソーシャルワーク機能の強

化等を求められている。さらに、次世代育成支援サービスの供給体制が見直され、保育所の社会的位置づけが大きく変化しようとしている。

(2) 保育所保育指針の変遷

　保育所保育指針（以降、指針）は、児童福祉施設最低基準35条の規定に基づき、保育所における保育の内容に関する事項およびこれに関連する運営に関する事項を定めたものである。全国の保育所では、指針に規定された保育内容に係る基本原則に関する事項等を踏まえ、各保育所の実情に応じて創意工夫を図り、保育所の機能および質の向上に努めなければならない。指針は、1965年に厚生省局長より通知され、社会状況や政策に即して1990年、1999年、2008年に改定が行われた。

　1965年の指針は、認可保育所に加え、従来の保育（2008年の改定前まで）を児童養護施設や乳児院等入所施設、認可外保育施設も含めて示していた。また、養護と教育の機能を明示し、保育所保育の特性を示した。

　1990年の改定では、子どもの主体性を尊重した保育が強調された。そして、保育は家庭機能における代わりではなく、不足分を補うものと捉え直された。保育内容も、「望ましい活動」から「子どもの豊かな人間育成を目指した生活内容」を展開する視点と捉え直された。

　1999年の改定では、子どもに関する法制度改正や政策を背景にしながら、保育所や保育士の社会的役割に地域の子育て支援、乳幼児の相談・助言を明示した。職員の研修も記され、保育士の資質向上、倫理形成が示された。

　2008年の指針は3度目の改定であるが、局長通知ではなく厚生労働大臣告示となり、行動や判断の基準として遵守すべき法令として示された。改定の要点は、①保育所の役割の明確化、②保育の内容の改善、③保護者支援、④保育の質を高めるしくみの4点で、保育所の実情に合わせた創意工夫を求め、機能および質的向上を努力義務とした。

　以上のような歴史的変遷の中で、保育は意識や体系、実践内容を変化

させながら今に至る。

3. 相談援助とは

　相談援助とは、「専門的知識及び技術をもって、身体上若しくは精神上の障害があること又は環境上の理由により日常生活を営むのに支障がある者の福祉に関する相談に応じ、助言、指導、福祉サービスを提供する者又は医師その他の保健医療サービスを提供する者その他の関係者との連絡及び調整その他の援助を行うこと」である。これは2006年の「社会福祉士及び介護福祉士法」改正に伴い明示され（第2条）、社会福祉士の業務内容は「相談援助」と総称されることになった。この「相談援助」は「ソーシャルワーク」と同様の意味として用いられている。2000年7月に採択された国際ソーシャルワーカー連盟（IFSW）による定義は、前掲のとおりである（p.25参照）。

　また日本では、2003年の日本学術会議社会福祉・社会保障研究連絡委員会報告『ソーシャルワークが展開できる社会システムづくりへの提案』において、「ソーシャルワークとは、社会福祉援助のことであり、具体的には人々が生活していくうえでの問題を解決なり緩和することで、利用者の質の高い生活（QOL）を支援していくことである。そのため、ソーシャルワークは、人々が社会サービスを活用しながら、自らの力で生活問題を解決していくことを支え、人々が生活する力を育むよう支援することをいう。その支援の過程において、必要があれば既存の社会サービスで足りない問題解決のための社会資源の開発をはじめとした社会環境面での改善にも努めることである」と定義された。

　このように相談援助は、「ソーシャルワーク」という表現でいくつもの定義が示されているが、これらを含め相談援助とは、「人とその人自身を取り巻く状況を環境と捉え、相互の関わりの中で、その人がその人らしく生きていけるように専門的知識・技術を用いて援助すること」と言える。

4. 保育制度における相談援助

　保育の営みが制度化される中で、相談援助という視点は1997年の児童福祉法改正で必要性が示された。同法第48条の2（現行第48条の3）で、「保育所は、当該保育所が主として利用される地域の住民に対してその行う保育に関し情報の提供を行い、並びにその行う保育に支障がない限りにおいて、乳児、幼児等の保育に関する相談に応じ、及び助言を行うよう努めなければならない」と規定した。そして、保育所の地域住民に対する子育て支援機能が位置づけられた。

　さらに、2008年改定の保育所保育指針では、相談・助言におけるソーシャルワーク機能が位置づけられた。機能として、「（保育所に）入所する子どもの保護者に対する支援」、「地域の子育て家庭に対する支援」、が挙げられている。なお、『保育所保育指針解説書』［厚生労働省編、2008］の「第6章　保護者に対する支援」では、「地域の関係機関等との連携・協力」も求められるようになった。加えて、コラム「ソーシャルワークとは」では、「生活課題を抱える対象者と、対象者が必要とする社会資源との関係を調整しながら、対象者の課題解決や自立的な生活、自己実現、よりよく生きることの達成を支える一連の活動をいいます。対象者が必要とする社会資源がない場合は、必要な資源の開発や対象者のニーズを行政や他の専門機関に伝えるなどの活動も行います。さらに、同じような問題が起きないように、対象者が他の人々と共に主体的に活動することを側面的に支援することもあります」と説明されている。

　以上、保育における相談援助について、言葉の意図する背景や内容、制度の歴史的変遷を示してきたが、保育ニーズはその時代の社会状況に合わせた変化を遂げていることが分かる。特に、子どもを取り巻く環境に対する支援が重視され、子どもにとって一番身近な人的環境である保護者の相談援助、加えて子育て家庭や、生活環境である地域に対する支

援が求められ、子育て支援機能、ソーシャルワーク機能の強化が図られている。

第2節　保育士の任務と相談援助

1. 保育士とは

　保育士は、2003年に児童福祉法が改正されて国家資格となった。同法第18条の4では、「保育士とは、第18条の18第1項の登録を受け、保育士の名称を用いて、専門的知識及び技術をもって、児童の保育及び児童の保護者に対する保育に関する指導を行うことを業とする者をいう」と規定されている。それまでの保育士の立場は、児童福祉施設での職務に就くときに用いられる任用資格であった。法改正によって、業務内容を示し名称独占資格となったことで、保育士資格の登録制や守秘義務、信用失墜行為の禁止等も規定された。

　また、保育士資格の法定化に伴い、全国保育士会は、2003年に「全国保育士会倫理綱領」を定めた。この倫理綱領は、保育士に向けて保育に求められる役割を示し、保育士としての基本姿勢を表している。これは、保育士のみに限定せず、保育に関わる全ての保育者に対して同様の理解が図られるよう喚起した内容となっている。

2. 倫理綱領から掲げられた保育士の任務

　保育士の業務内容は、子どもの保育と子どもの保護者に対する保育に関する指導であることは前述のとおりである。これら業務を果たすために、保育士は、倫理綱領を念頭に置きながら日々の保育を実践していくことが求められている。倫理綱領では、保育士の仕事を「子どもが現在

（いま）を幸せに生活し、未来（あす）を生きる力を育てる」ことと掲げている。また、保育士は根底に「自らの人間性と専門性の向上に努め、一人ひとりの子どもを心から尊重」することが求められている。

　これらを踏まえたうえで、保育士に求められている任務（責任をもって果たすべき事柄）は、「子どもの育ちを支える」、「保護者の子育てを支える」、「子どもと子育てにやさしい社会をつくる」ことである。

　「子どもの育ちを支える」は、保育士が、子どもと子どもを取り巻く環境を深く理解し、専門的知識・技術に基づいて子どもと関わることである。保育士と子どもとが共に過ごす時間を日々積み重ねることから始め、子ども自らが生来持っている力を養い、伸びるよう支えていくことと捉えられる。

　「保護者の子育てを支える」については、保育士は「子ども」という切り口を通して、一般的な子どもに関する内容だけではなく、保護者自身の子どもに対する理解、子どもを取り巻いている生活環境を把握することにより、保護者が抱えている状況に気づき、その求める内容を保育士が具体的な関わりを通して支えることと捉えられる。

　そして、全ての子ども、子育て家庭が生活しやすい環境を地域に創り出すために、保育士はその一端を担うことが求められる。生活しやすい環境とは、子どもが安心・安全に地域の中で過ごし育つことができ、子育て中の保護者が責任を持って子どもを育む力を養い、子育ての喜びや楽しみを感じられる環境である。そのためには、地域の中に存在する社会資源や社会心理的支援が周知され、容易に利用できる社会を創り出すことが大切である。

3. 保育士の任務としての相談援助

　児童福祉法第48条の3第2項には、「保育所に勤務する保育士は、乳児、幼児等の保育に関する相談に応じ、及び助言を行うために必要な知識及び技能の修得、維持及び向上に努めなければならない」と、保育士に対

する相談援助の努力義務が明示されている。そのため、保育士は保護者に対する保育指導をするために相談援助に関する専門的知識・技術を身につけ、活用することが求められているのである。『保育所保育指針解説書』のコラム「『保育指導』の意味」では、保育指導とは、「子どもの保育の専門性を有する保育士が、保育に関する専門的知識・技術を背景としながら、保護者が支援を求めている子育ての問題や課題に対して、保護者の気持ちを受け止めつつ、安定した親子関係や養育力の向上をめざして行う子どもの養育（保育）に関する相談、助言、行動見本の提示その他の援助業務の総体」と説明されている。

　実際、相談援助を行うのは保護者と直接的または間接的に関わる場面である。保育所に子どもを預けている場合は、子どもの送迎時や連絡帳の記載内容、保育所での年中行事への参加等、保育士は子どもを介して日々保護者との関わりがあるので、そこから、保育指導として相談援助を行うことができる。

　また、地域の子育て家庭と出会い、関わる場面も存在する。保育士は、地域にあるさまざまな子育て支援機能を担う施設で、利用する親子への保育活動の展開や保護者の話を傾聴すること、実際の親子の関わりの観察などにより、相談援助につなげることができる。保護者どうしのネットワーク形成や他機関・多職種との連携することからも、保育士は地域の全ての子育て家庭が抱えている問題、求めている顕在的・潜在的ニーズをくみ取り、積極的な相談援助をすることができるので、期待される役割も大きくなっている。

4．保育実践におけるケアワークとソーシャルワークの関係

　保育士は、①子ども、②子どもの保護者、③地域の子育て家庭、に対し、保育および保育指導を展開する。従来、保育士の支援は、子どもを対象にしたケアワークが中核であった。その後、保育指導が業務として新たに位置づけられたことによって、子どもの保護者や地域の子育て家

図表1　児童福祉におけるケアワークとソーシャルワーク

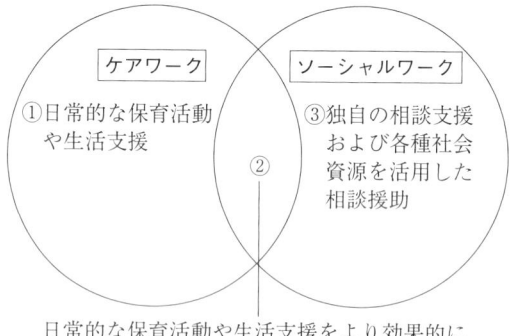

```
        ケアワーク         ソーシャルワーク
    ①日常的な保育活動    ③独自の相談支援
      や生活支援          および各種社会
                         資源を活用した
                         相談援助
              ②
```

日常的な保育活動や生活支援をより効果的に
実施するための保育指導や生活指導

出典：［新保、2004］を基に作成

庭までが対象に含まれ、ソーシャルワークも支援の一部として活用されるようになった。

　新保幸男は、児童福祉におけるケアワークとソーシャルワークについて、前者と後者が重なる部分があることを**図表1**のとおり示した。保育実践においても、ケアワークとソーシャルワークは密接な関係がある。それぞれが独立して展開されるのではなく、日々の保育の中で区別をつけずに展開され、ときには相互に機能を補完し合ったり、機能が重複したりする。

　先述のように、子どもの保育はケアワークとして捉えられ、養護と教育が考慮されながら、日常的な発達を保障する援助、子どもとの信頼関係の構築、基本的生活習慣に伴う生活援助、子どもを取り巻く環境の構成、遊びの展開が行われる。また、子どもの保護者に対する保育に関する指導はソーシャルワークとして捉えられ、子どもと保護者が共に影響し合って生活が営まれるとき、保護者として自身の子どもを理解し育てていく力の向上を目指していく。そのために、保護者から湧き起こる感情を受け止め、受け入れること、日常生活から浮上する子どもに関する相談および助言、具体的な情報提供と保育活動や生活支援に関する行動

の見本の提示が行われる。さらに、地域の子育て家庭に対しては、子どもと保護者の双方を対象としながら、主に子育てに関する心理的負担に対する相談に加え、保育士が子どもの保育を一部担うことでそれら負担の軽減を図ることや、子どもや子育てに関する情報や地域の中の子育て支援機能を持つ社会資源等の情報提供、紹介や斡旋が行われる。また子育て家庭どうしをつないでいくようなネットワークの形成、地域の特色を生かした地域住民の子育て力の醸成などが支援となる。

第3節　援助に関わる保育士の役割

1. 保育士の活躍の場

　保育士は名称独占資格として、0歳から18歳未満の子どもを対象とした保育に従事し、保護者、地域の子育て家庭を支援する専門職である。そのため、保育士という名称を用いて、保育所以外の児童福祉施設を職場として活躍することも可能である。

　2009年度の児童福祉施設の状況は**図表2**のとおりである。保育所は児童福祉施設設置数の多くを占め、保育所に勤める保育士の割合も高いこ

図表2　児童福祉施設の保育士数

	施設数	従業員数 （％）	保育士数 （％）
児童福祉施設総数	32,353	519,218 人 (100.0)	348,038 人 (67.0)
保育所	22,250	446,272 (100.0)	331,849 (74.4)
児童福祉施設 （保育所を除く）	10,103	72,946 (100.0)	14,635 (20.1)

出典：厚生労働省「平成21年社会福祉施設等調査」2010年を基に作成

とが分かる。

　また一方で、現在では保育士の活躍する場は保育所や児童福祉施設にとどまらず、広がりを見せている。例えば、①家庭的保育者や里親等の家庭型保育、②認証保育所、事業所内保育施設等の国の認可基準とは異なる保育所運営を行う保育、③病児・病後児保育や病棟保育などの医療保育等である。さまざまな保育の場に従事する保育士もまた、専門的知識・技術を用いて保育実践を展開している。こうして保育士は、社会から求められるニーズに合わせた役割を担いながら、活躍の場を広げている。

2. 保育実践における保育士の役割

　保育士は日々の保育の中で、子どもや保護者、地域と地域の子育て家庭に対してさまざまな役割を担っている。

　まず子どもに対しては、「今」の子どもである実態を捉え、子どもを取り巻くに人々に状況を伝える役割である。子どもは成長し発達していく存在であるが、その時々に子どもを取り巻く生活環境や人的環境から影響を受ける。そして、影響を受けたものがあらためて、子どもの「今」の姿として跳ね返ってくる。子どもの姿を日々の保育から細やかに観察し、子どもに対する洞察を高めることで、子どもの気持ち、子どもの意見をつかむことができる。子ども自身が表現する顕在化した姿に加え、潜在化している姿を捉えることで、子どもの育ちが保障される。それは、子どもの発達をはじめとした専門的知識・技術があるからこそ求められる役割である。

　次に、子どもを育てる保護者との協力関係を築く役割がある。保護者が自らの気持ちを表し、それが受け入れられたと感じるためには信頼関係が不可欠であり、それがあって初めて、保護者は相談・助言を保育士に求めることができる。そして、保護者は子どもと共に育つ存在であることや、保護者は保育士と共に子どもを育てる存在であることへの理解

が深まることで、子育てに対して、本来内存している力を自ら取り戻し、かつ、コントロールしながらさらに高めていくことで、安定した親子関係に基づく子育てへの自信につながるのである。

最後に、地域と地域の子育て家庭に対しては、保育士自ら地域性から浮き出てくるニーズを受け止め、地域全体が子どもの育ちを支える活動を展開できるようにする役割である。そのためには、地域性、特色を把握する必要がある。また、地域にある社会資源とその機能状況を評価し、連携や協働の具体的方法を調整することで、地域の子育て力を醸成することが求められる。

3. 保育士の相談援助に求められるもの

社会情勢の急激な変動、生活環境の変化に伴い、保育士の役割も社会の状況に合わせた保育が展開できることが期待されている。特に、保護者の相談に対する助言および地域の子育て家庭への支援が新たな保育士の役割とされ、相談援助の知識や技術の習得強化が求められる。そのために、まず保育士は保育という専門性を熟知する必要がある。保育の専門的知識を子どもの保護者や地域の子育て家庭に対し、具体的に分かりやすく伝えられること、保育活動や生活支援を視覚的に捉えやすく工夫して理解を促すことは、相談援助を求める保護者の立場に立った関わりを築くことにつながっていく。

また、他の専門職に対し、保育士の子どもへの関わりや理解が理論に基づいていることを、根拠を示しながら明確に伝えられることが求められる。併せて、保育士は学際的視点を持って対象者の相談援助を展開する必要がある。保育士が従来行ってきた子どもの保育という業務を、さまざまな切り口から捉えることで、保育以外の専門性との共通部分と相違部分を把握できる。そこから、他職種と連携する関係を築くことや、子どもの育ちを保障するという目的を達成するための協働に向かうことができる。

さらに、職業倫理に基づいた豊かな人間性が、保育士には必要である。知識・技術・技能、保育の実践経験に加え、日々の実践から自己内省することも、保育や相談援助をするうえで重要な要素となる。常に自己洞察と課題を客観的に見つめる姿勢を持つとともに、子どもや保護者をはじめ、保育士として関わる全ての人とのコミュニケーション能力を高めることが、最善の利益を生み出す援助関係を構築することにつながっていくのである。

【引用・参考文献】
　網野武博・増田まゆみ・無藤隆・柏女霊峰『これからの保育者にもとめられること』ひかりのくに、2006年
　片山義弘ほか編『新保育ライブラリ 相談援助〔改訂第2版〕』北大路書房、2011年
　厚生労働省『保育所保育指針解説書』フレーベル館、2008年
　新保幸男「児童福祉実践と福祉専門職」網野武博編著『児童福祉の新展開』同文書院、2004年、pp.105-123
　鶴宏史『保育ソーシャルワーク論──社会福祉専門職としてのアイデンティティー』あいり出版、2009年
　保正友子編著『保育士のための福祉講座 ソーシャルワーク』相川書房、2006年
　松本園子・堀口美智子・森和子『児童福祉を学ぶ──子どもと家庭に対する支援』ななみ書房、2009年

第5章

相談援助の対象

中村　卓治

第1節　相談援助はなぜ必要なのか

1．保護者支援の必要性

　子ども家庭福祉における相談援助の対象に、子どもたちのことを連想するのはごく当然のことであろう。では、保護者に対してはどうであろうか。本来、保護者は、子どもに関わりを持つ大人たちと連携を図りながら、子どもの最善の利益の保障を念頭に入れその成長を見守っていく立場にある。しかし、最近特に顕著なこととして、子どもにとって一番身近な支え手であるはずの保護者が、子どもの心身に危害を加える事件が後を絶たない。生活上あるいは心身になんらかの支障を来し、保護者がわが子をサポートする機能を、不全に陥らせてしまっている。

　人間を癒やしてくれるかわいいペットも、飢えに苦しむ状況が続くと人間に危害を加えることがあるように、人は自らの生活や心身が健全な状態にないと、他者に対してゆとりを持って接することが難しくなる。それは、愛するわが子に対する保護者の関わりにおいても同様である。

　例えば、「東日本大震災の影響　子育て調査」（ベネッセ次世代育成研究所、2011年5月）によると、「子どもがわずらわしくてイライラしてしまうことがある」と回答した、0～5歳児を持つ母親は、首都圏で70％を超え、震災前より16.8ポイントも増加しているという。それは、放射線の問題により子どもを戸外で遊ばせることを制限しなければいけなかったり、同様の地震が首都圏で起きるのではないかという不安から来るストレスが、自身でわが身を守ることができない無防備な子どもを抱えている状況へのフラストレーションにつながっているのである。

　「震災や原発事故に関して信頼できる状況は何か」という問いに対し、最も多い回答は「専門家の意見」であるが、次点にはほぼ同率で「信頼

できるものはない」というシビアな回答が続く。さらに、父親の協力や地域とのつながりの少ない母親は、そうでない者よりもさらに多くのイライラや不安を抱えていることも明らかとなった。未知の問題を抱えているにもかかわらず、誰にも頼れない、悩みを共有する場所もない、しかも自分の身以外に守らねばならない対象を抱えた状態のストレスは計り知れないものがある。

　このように、支援機能の許容に乏しい現代の家族に対して、難しい判断を委ね、子育てを自己責任として押し付けてしまう事態が実際に起きてしまっているのである。愛情だけを支えやモチベーションにして、保護者だけで子育てに対し身体を張ることは、もはや限界であると言える。

　保育士は保護者が、「子どもにとって一番身近な支援サービス（社会資源）」であるとともに、「守らねばならない対象（子ども）を抱えた当事者である」という立場の二面性を有している点を忘れてはならない。子どもの最善の利益を保障するためには、保護者が「一番身近な支援サービス（社会資源）」となり得るような関わりが、保育士には求められているのである。

2．生活全体を見据えた支援の必要性

　それでは、子どもの最善の利益のために、保育士は子どもと保護者を見つめてさえいればよいのかといえば、そうではない。ここにもう一点例を挙げ、何が必要かについて考えてみたい。

　筆者は観賞魚の飼育を趣味の一つとしている。観賞魚は筆者にとって癒やしの存在である。しかし、彼らがいつも状態を安定させて筆者を癒やしてくれるかというとそうばかりではなく、急に体調を弱め、場合によっては死んでしまうことも少なくない。福祉的援助と同じく、対象に対して常日頃からの観察と早期介入が重要となるわけである。

　例えば、その水槽の中で一番体の小さな魚が元気をなくしたとする。水草の陰に隠れて水底でじっとしたまま、えさを与えても食べようとし

ない。その時点では原因はよく分からないが、まず頭をよぎることは、病気による体調不良である。そこで、その小魚を別の容器へ移し、塩浴や薬浴による治療を試みる。いわゆる個別援助を行う。それで何日かすると元気になったとして元の水槽に合流させると、場合によっては再び体調を悪化させてしまうということも少なくない。この結果から、体調不良の原因は個人（小魚）だけの問題ではないということが明らかとなる。別の魚との相性の問題や、水槽内の魚の数（密度）の問題、あるいは水質汚染の問題かもしれないし、さらには、水槽の置き場所も絡んでいるかもしれない。個人（小魚）が抱える問題の解決のためには、個人を見つめ個別にアプローチすると同時に、その環境全体を見据え、個々の関係性等にも注視していくことが求められる。このように、魚の世界の問題一つを取ってみても複雑な条件が絡み合い、問題の原因を限定することは容易ではない。たまたま体力が弱っている魚に水槽内のゆがみが現れたのだとすれば、このまま問題を放置していると、いずれは水槽内の全ての魚たちの体が侵されてしまうことになる。

　この例のような観点から援助を考えると、対象が抱える問題の解決を図るためには、対象に個別に向けられる援助とともに、その環境に対する働きかけや支援も、保育士にとって大切な作業であることが分かる。ましてや、鑑賞魚の立場同様、子ども自身はその問題状況を自身で察知し改善を図ったり、他者へ協力を求めたりすることは難しく、非常に無防備な状況にあると言える。ともすれば、自らが受けている不利益にすら気づかずに、意味も分からずに傷ついている子どもも少なくないであろう。だからこそ、子どもたちの生活上の自立支援に加えて、地域社会全体を見据えた、子どもの立場の擁護や生活環境の改善のための援助体制づくりが、保育所の役割として求められているのである。

3．多面的・多角的な情報収集の必要性

　我々はこの世に誕生した瞬間から、今の人格や思考を伴っていたわけ

ではない。その後のさまざまな生活体験、長年受けてきたしつけや教育、出会ってきた人々からの影響などといった「生活の積み重ねの結果」が、今の「自分」という存在になって現れているのである。もちろん、援助の対象となる子どもや保護者もまた同様であり、問題を抱えた生活状況も、こうした「生活の積み重ねの結果」なのである。そして、その問題となる原因の背景には、保護者の生育暦のみならず、わが国の社会状況が大きな影響を与えていることを忘れてはならない。

したがって保育士は、目の前に発生している問題だけを切り取ってその原因を一方的に結論づけたり、短絡的に問題解決を図ろうとする気持ちを戒め、個々の家族の歴史性や生活背景に対して客観的な目を向けることが必要である。専門的には、生活の縦軸（人間関係など）や横軸（生活暦など）を多面的かつ多角的に理解する視点、およびそれを可能とする相談援助技術の展開が求められることになる。

4. 本章の構成のねらい

保育士をはじめとした子ども家庭福祉における相談援助の対象を、簡潔に定義づけると、狭義には「子どもおよび子育てを行ううえで困難を抱える保護者」、広義には「生活上の困難を抱える子育て家庭（親子）および彼らの生活の場となる地域社会」ということになる。

しかし、このようにして相談援助の対象を短絡的に結論づけ、形式的な知識にとどめてしまうだけでは、受容や共感を伴った真の対象理解に至ることはできないであろう。保育士として必要なものは、対象の背景、すなわちその問題を抱えるに至った生活背景や環境的要因に目を向け、その立場から見えてくるものを共有しようとする姿勢である。

そこで、本章では「社会情勢」と「保育機能」の2つの側面から、子育てに関わる変化をひもときながら、相談援助の対象、すなわち子どもや保護者、そして彼らが生活する地域社会に、相談援助が「なぜ」、また「どのように」必要になったかについて理解を深めていくことにする。

第2節　社会情勢の変化と相談援助の対象

　図表1に見るように、我々の生活は社会情勢に大きな影響を受けている。時間的経過から捉えると、特に産業構造は家族機能に大きな変化を与えることとなった。そのような状況の中、保育をはじめとした人的な福祉サービスがどのような理由で求められるようになったのかについて概観しておく。

図表1　社会情勢の変化に伴う家庭の質的変化

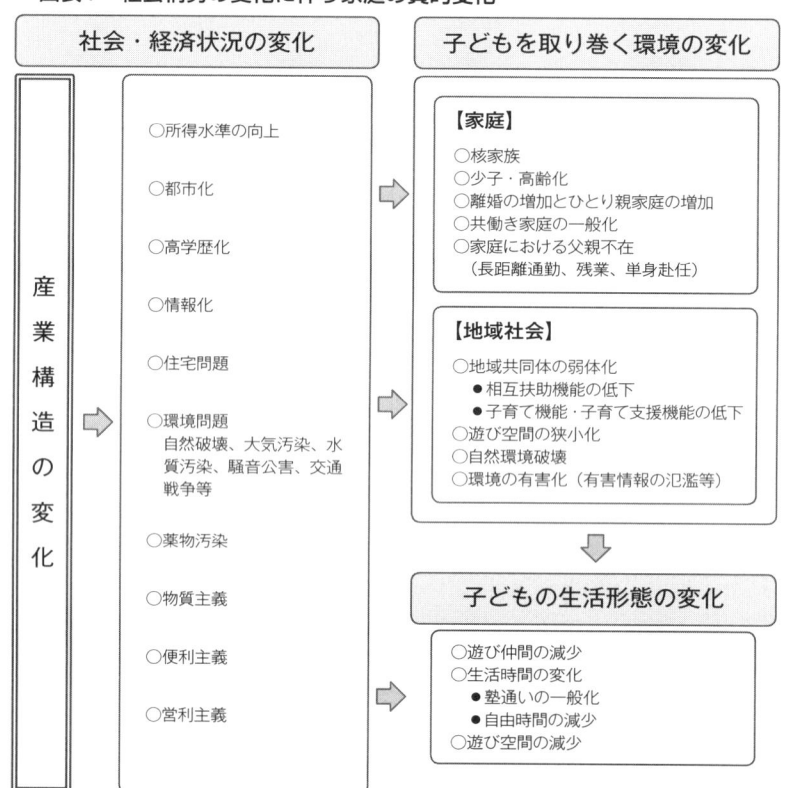

産業構造の変化

【社会・経済状況の変化】
- ○所得水準の向上
- ○都市化
- ○高学歴化
- ○情報化
- ○住宅問題
- ○環境問題
　自然破壊、大気汚染、水質汚染、騒音公害、交通戦争等
- ○薬物汚染
- ○物質主義
- ○便利主義
- ○営利主義

【子どもを取り巻く環境の変化】

【家庭】
- ○核家族
- ○少子・高齢化
- ○離婚の増加とひとり親家庭の増加
- ○共働き家庭の一般化
- ○家庭における父親不在
　（長距離通勤、残業、単身赴任）

【地域社会】
- ○地域共同体の弱体化
　●相互扶助機能の低下
　●子育て機能・子育て支援機能の低下
- ○遊び空間の狭小化
- ○自然環境破壊
- ○環境の有害化（有害情報の氾濫等）

【子どもの生活形態の変化】
- ○遊び仲間の減少
- ○生活時間の変化
　●塾通いの一般化
　●自由時間の減少
- ○遊び空間の減少

1．昭和初期の時代

　かつて、農業などの第一次産業が盛んな頃は、人々は生まれた土地に根づき、子孫を反映させた。どの家庭も子どもたちの兄弟は多く、しかも3世代・4世代にわたる拡大家族が一般的であった。親戚も近隣で根づき、血縁による関係も強固なものとなった。一方、近隣の住民も同じように土着しており、隣近所での交流や助け合いは日常的なものであった。そのため地域は自分たちが守るという住民たちの土着意識は高く、お祭りをはじめとした地域の行事は盛況なものとなった。

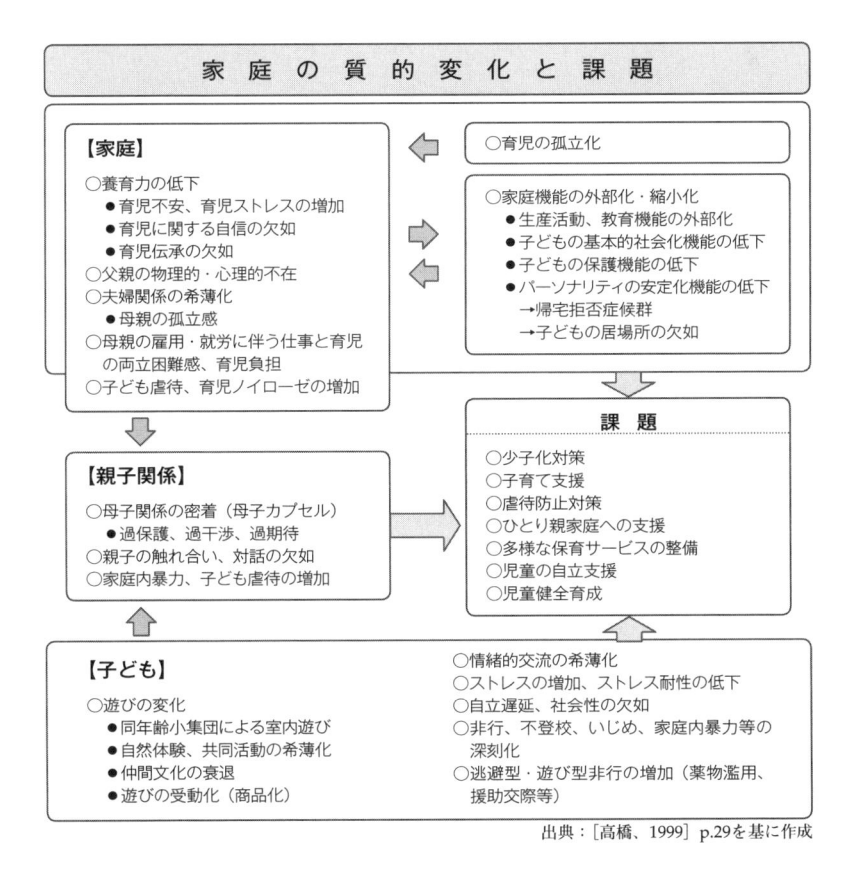

家庭の質的変化と課題

【家庭】
- ○養育力の低下
  - ●育児不安、育児ストレスの増加
  - ●育児に関する自信の欠如
  - ●育児伝承の欠如
- ○父親の物理的・心理的不在
- ○夫婦関係の希薄化
  - ●母親の孤立感
- ○母親の雇用・就労に伴う仕事と育児の両立困難感、育児負担
- ○子ども虐待、育児ノイローゼの増加

○育児の孤立化

- ○家庭機能の外部化・縮小化
  - ●生産活動、教育機能の外部化
  - ●子どもの基本的社会化機能の低下
  - ●子どもの保護機能の低下
  - ●パーソナリティの安定化機能の低下
    →帰宅拒否症候群
    →子どもの居場所の欠如

【親子関係】
- ○母子関係の密着（母子カプセル）
  - ●過保護、過干渉、過期待
- ○親子の触れ合い、対話の欠如
- ○家庭内暴力、子ども虐待の増加

課　題
- ○少子化対策
- ○子育て支援
- ○虐待防止対策
- ○ひとり親家庭への支援
- ○多様な保育サービスの整備
- ○児童の自立支援
- ○児童健全育成

【子ども】
- ○遊びの変化
  - ●同年齢小集団による室内遊び
  - ●自然体験、共同活動の希薄化
  - ●仲間文化の衰退
  - ●遊びの受動化（商品化）

- ○情緒的交流の希薄化
- ○ストレスの増加、ストレス耐性の低下
- ○自立遅延、社会性の欠如
- ○非行、不登校、いじめ、家庭内暴力等の深刻化
- ○逃避型・遊び型非行の増加（薬物濫用、援助交際等）

出典：［高橋、1999］p.29を基に作成

このように家族機能や地域コミュニティが豊かな状況にあっては、何か問題が起こっても、家族内あるいは周辺の親族やインフォーマルなサービスで重層的に援助が行われたため、現代のような保育や介護といったフォーマルな人的サービスの提供は必要のない時代であった。

2. 高度経済成長の時代

　第二次世界大戦を経て1960年代に入り、わが国は高度経済成長時代を迎えた。これまでの第一次産業から、建設業・製造業を中心とした第二次産業が盛んになり、若者を中心とした農業従事者の多くが都市部へと移ってきた。都市への人口集中に伴い、その生活を支えるサービス業などの第三次産業も成長していった。好景気は人々の生活を潤わせたが、若者は高齢者を残し都市部へ流出したため、農村地域の過疎化・高齢化が進行することになった。と同時に拡大家族は分断され、核家族化が始まった。すなわち、家族機能の脆弱化と地縁の崩壊が進んだのである。

3. 共働き世帯増加の時代

　1970年代半ば以降、経済低成長時代を迎え、「男性は職場」「女性は家庭」という役割の分離構造が、生活水準の維持や教育費の捻出のために崩れ、女性の労働力率が上昇する。家電製品やインスタント食品の発達が家事の効率化をもたらしたことや、男女平等教育により女性の進学率が上昇したことなどが、女性の職場進出を後押しした。

　その分、住民どうしが時間を共有する機会は減り、地域での関係は疎遠となり、機能を脆弱化させた家庭が抱える問題は、フォーマルな人的サービスの活用を抜きに解決することが困難となりはじめる。そのため、この頃より福祉施設の増加と福祉サービスの多様化が顕著となっていく。

4. 終身雇用制度終焉の時代

　元来、わが国では、学校卒業後に就職した会社で定年まで勤め上げる

「終身雇用制度」や、入社の順に社内での立場や給与が引き上げられる「年功序列制度」を基本として経済成長を支えてきた。この制度には、「将来に対する安心感」と「人生設計が立てやすい」という利点があり、特に男性にとっては、人生の多くの時間をささげる職場は「第二の家庭」とも呼べるよりどころとなった。

しかし、1980年代後半から始まったバブル景気が急激に衰退し、1990年代にはその影響により多くの会社が倒産した。「リストラ」という言葉が世間をにぎわせ、数多くのサラリーマンが人員整理の対象にされた。結果、「終身雇用制度の終焉」と「雇用形態の多様化」が進み、地域生活にあった人間関係も希薄化と形骸化が進行し、家庭は地域における関わりの接点を失っていった。企業では生き残りをかけ、能力のある者を集めるために「能力給制度」や「人事評価制度」を導入し、社員をライバルとして競わせた。一方で、アルバイトやパート、派遣社員といった、いつでも労働力を調整できる非正規雇用の割合を増やしていった。もはや社員には、終身雇用制度の時代にあった、会社に対する信頼感や忠誠心は残されていなかった。こうした会社と社員とのドライな契約関係が、職場内での希薄な人間関係をもたらすことになった。

以上のように、産業構造を中心とした社会情勢の変化は、家族や地域構造に大きな影響を与えてきた。関わりの接点を持てぬ地域社会、収入や立場の不安定な職場、支援機能の脆弱な家庭。この状況に加え、介護者を抱える者、ひとり親で子育てを行う者、障害を抱える子どもを育てる者、中には保護者自らが病や障害を抱えながらぎりぎりの状況で子育てを行う者など、さらなる生活課題を重ねるケースも少なくない。保育士は、保護者に対して子育てに責任を持つ立場を求める前に、まず家族のこうした生活の事情に配慮しながら、生活の労をねぎらい、支持・共感することに努めてほしい。具体的な相談援助と同様、そうした保育士の肯定的な関わりに救われる保護者は決して少なくないはずである。

第3節 保育機能の変化と相談援助の対象

1.「保育に欠ける児童」を対象とした時代

　保育サービスは、所轄官庁の異なる「幼稚園」とは目的を別に「保育に欠ける児童」を対象として、1947年の児童福祉法施行以後、行政主導により実施された。すなわち、保育サービスは、家庭生活を支える社会福祉サービスの一つとして誕生したのである。

　「保育に欠ける」とされる要件はさまざまであるが、その中心は保護者の就労であった。当時は子どもの養育は私的なものであり、基本的に家庭で行われるものとみなされていたため、「援助の必要な家庭」という認識は社会に浸透していなかった。しかし、1970年代からの女性の職場進出への拡大は保育ニーズを徐々に多様化させ、それに応える形で1988年、総務庁行政監察局勧告「児童福祉対策等に関する行政監察結果に基づく勧告」では、特に公立保育所の取り組みに対して低年齢児保育や夜間保育、延長保育などを例に挙げ、これらの保育ニーズに対する積極的な取り組みを推進した。

2.「子育て支援」をも対象とする時代

　保育サービスの対象を、就労の有無という物理的な視点で認識しているさなかに、家族を取り巻く社会状況はいっそう厳しいものとなっていく。機能を脆弱化させた家庭において、専業主婦家庭であっても子育てに心もとない生活環境の中、子育て家庭の孤立化が始まった。生活の大半を子どもと2人きりで過ごす「密室育児」による育児ストレス、ノイローゼ、さらには子ども虐待が表面化し始めたのである。父親が働き、母親が家庭を守るという戦後家庭モデルは、関わりの崩壊した地域社会

では通用せず、専業主婦家庭であってもそれがイコール「保育に欠けない」とは言えなくなった。そこで、国は1994年に「今後の子育て支援のための施策の基本的な方向性について」(エンゼルプラン) を策定し、「子育て支援」というキーワードを掲げ、子育てを近隣・地域・社会全体で取り組む問題として提起したのである。

さらに改正児童福祉法 (1997年) では、保育所を、ソーシャルサポート機能を強化させることにより地域の「子育て支援」を幅広く行う施設として位置づけた。「子育て支援」には、単に子どもをどのように育てるかという問題のみならず、親子関係や生活環境の調整も求められた。保育所と家族の関係構築だけでなく、孤立した家族をどのように地域社会へつないでいくかというソーシャルサポート・ネットワークの構築も必要となった。前述した広義の対象に対する相談援助の必要性が、ここに見てとれる。このように、園内における保育サービスのみならず、地域社会を見据えた「子育て支援」が求められる現代の保育士にとって、相談援助機能の習得およびその活用は絶対的必要条件となったのである。

第4節　相談援助の対象に対する関わり

1. 保護者との関わりの留意点

これまで紹介してきたように、家族は地域社会の中で生活しており、社会状況に変化が起こればその影響を受ける関係にある。そうした関係に目を向けず、短絡的に「親としての責任感がない」「子どものしつけがなっていない」と、現在の子どもを取り巻く問題の原因を全て保護者に帰することができないことは周知の事実である。だからといって、保育所のみで体を張り、地域の子育て支援サービスの全てに責任を持つこ

とは現実的ではない。大切なことは、子どもの最善の利益の保障、すなわち子どもが健やかに自分らしい生活を送ることができるように、関わりを持つ者がそれぞれの立場で、求められる役割を果たすことである。

その際に保育士の保護者への関わりとして留意すべきことは、本章の冒頭でも述べたような保護者の立場の二面性に対する配慮である。保育士は、保護者が「子どもにとって一番身近な支援サービス（社会資源）」となり得るよう社会的に援助し、「親」としての自立や成長を促す。そのためには、保護者に対して「守らねばならない対象（子ども）を抱えた当事者」という立場に基づいたサポートが必要となる。具体的には、相談援助場面での共感的な関わりや子育てに必要な知識の提供、孤立化防止のための近隣・地域とのつながりのコーディネートなどである。

さらに、家族援助を行う際には、「困っている人」「できない人」という課題注視の視点を避け、親と子の主体性を尊重し、彼らの持つ力を信じ、自立を促す関わりが求められる。そのためには、問題解決の全てを保育士が肩代わりすることなく、保護者が自らの力を確信し、セルフケア能力を高めていけるようなパートナーシップの形成が重要となる。

2．地域への働きかけの留意点

拡大家族や地縁・血縁関係の構造が崩壊した現代の地域社会には、新たな形の地域づくりが求められており、保育所は「子育て支援」というキーワードの下、この地域づくりの一翼を担う役割が期待される。

ソーシャルワークには「個別化と一般化の原則」がある。例えば個別援助においては、関わったケースに関して、抱える問題でまとめてしまわずに各々の事情を個別化して対処していくことが求められる。しかし、「個別ケースが抱えている問題は、もしかすると潜在的に地域全体が抱えている問題かもしれない」という観点の下、援助者は必要性に応じてそのケースで取り扱った問題を所属機関ないし地域社会へ向けて提言・啓発していく必要がある。一部の人の問題という他人事の認識を防ぎ、

地域全体の取り組み課題に変えていくための援助原則である。

　筆者の幼少期には、好むと好まざるとにかかわらず、保護者以外の地域住民との関わりも多かった。子ども会や地域のイベントも盛大であったし、そこに関わる者は児童の保護者たちだけではなかった。現代における地域づくりを考える際にも、子育てに保護者以外が関わる機会や役割を「意識的」に創出することが必要なのかもしれない。

　もちろん保育所での子育て支援としては、親子でいっしょにできる機会の場の提供が基本となるが、例えば、しつけや習い事あるいは子育て相談など、異年齢集団との関わりや交流の機会を増やし、地域全体を巻き込んだ取り組みに結びつけていくコーディネーターとしての役割が保育所には求められている。「個別化と一般化の原則」にのっとれば、まさに子育て支援の一般化である。子育てを他人事にせず、あらゆる立場の市民が自らの形で関わることのできる機会を創出し、こうした子育て支援活動を通して地域の教育力や包容力を高めることもまた、保育所における相談援助活動の対象となる。

3. 対象に合わせた援助実践レベル

　以上、相談援助の対象について、その歴史性や関わりの留意点を中心に述べてきた。あらためて**図表1**を基に子育て家庭における変化と課題を概観してみると、いかに子どもの生活環境が、家庭や社会経済状況の影響を受けてきたかが明らかとなる。子育て支援サービスの要となる保育士は、そうした状況に対処するために、援助対象の別により、ミクロ、メゾ、マクロの3つの実践レベルで複合的な援助活動を行うことになる。

　まず、子どもや家族に対する個別アプローチを「ミクロ実践レベル（ミクロ・ソーシャルワーク）」と呼ぶ。相談援助で一般的にイメージしやすいのがこの援助形態であろう。

　次に、保育所の運営管理や組織内の業務のマネージメントなどを「メゾ実践レベル（メゾ・ソーシャルワーク）」と呼ぶ。利用者にとっては間

接的な役割となるが、保育所機能を高め、地域における子育て支援サービスとして応えたり、子どもの虐待問題に的確に対処できる施設運営作りに必要な援助形態である。

　最後は、「マクロ実践レベル（マクロ・ソーシャルワーク）」である。施設内だけでなく、子育て支援に関する問題への取り組みを地域行政レベルをも巻き込みながら取り組んでいく援助形態である。必要な社会資源の開発、制度作りなどが含まれる。

　対象の抱える生活問題は複合的な要因が絡むものが多いため、このように相談援助の対象に応じて、保育士は個別に、場合によってはネットワーキングによる連携を図りながら、対象への援助に当たる必要がある。

【参考文献】

井垣章二『児童福祉──現代社会と児童問題』ミネルヴァ書房、1975年

大豆生田啓友・太田光洋・森上史朗編『よくわかる子育て支援・家族援助論』ミネルヴァ書房、2008年

小田豊編『家族援助論』北大路書房、2005年

北島英治・副田あけみ・高橋重宏・渡部律子編『ソーシャルワーク実践の基礎理論』有斐閣、2002年

杉本一義編『児童福祉』北大路書房、1994年

高橋重宏・才村純編『子ども家庭福祉論』（社会福祉選書4）建帛社、1999年

高橋重宏・山縣文治・才村純編『子ども家庭福祉とソーシャルワーク』（社会福祉基礎シリーズ6）有斐閣、2002年

鶴宏史『保育ソーシャルワーク論──社会福祉専門職としてのアイデンティティ』あいり出版、2009年

長谷川眞人・小川英彦・神戸賢次編著『子どもの生活と援助』（「子どもの権利条約」時代の児童福祉3）ミネルヴァ書房、1996年

花田順信・清水教恵編『児童福祉論』八千代出版、1982年

第6章 相談援助の技術・アプローチ

伊藤 博

第1節　相談援助で用いる面接技術

　相談援助者はカウンセラーではない。しかし相談援助の技術を語るためには、ケースワークやカウンセリングの基本技術を避けて通ることができない。なぜなら相談援助者は、相談してくる人たちのさまざまな不満や要求を親身になって聴く必要があり、この場合、聴く技術がぜひとも必要になってくるからである。ただ、カウンセリングの基本をマスターしたからといってカウンセラーになれるわけではないが、ここではカウンセリングの基礎に触れることによって、人の話を真剣になって聴くとはどういうことなのかを知ってもらいたい。「聞く」は、英語で言うと"hear"であり、聞こえるか聞こえないかのみである。一方、「聴く」は、英語で言うと"listen"となり、積極的に傾聴することにつながる。

　さて、社会福祉援助技術は、社会福祉における要援助者に対してソーシャルワーカーの用いる技術の総称であり、社会福祉学の一分野である。そして、ソーシャルワークを用いて利用者を援助する者をソーシャルワーカー（本章では以下、援助者）と呼んでいる。

1．面接技術の基本

　ケースワークとは、困難な問題を内在したクライエント（利用者）が主体的に生活できるよう支援や援助をしていく、個別に対する社会福祉援助技術のことである。日本では「個別援助技術」と翻訳されているが、福祉における現場では「ケースワーク」の呼称のほうが一般化している。

　カウンセリングとは、「言語および非言語を活用し、相互にコミュニケーションを図りながら行動や思考、感情の変容を試みる人間関係」のことである。

　ここで、行動の変容とは、ある事象への自分自身の反応の仕方（行動）

を変えることである。その他、思考の変容（例：採用試験に不合格だったといって人格が悪かったわけではないと考えが変わる）や感情の変容（例：ある特定の仲間としっくりこなかった人が、その仲間とスムーズに話せるようになる）がある。つまり、カウンセリングとは人の行動や思考、感情のいずれかを変容・修正する援助方法であると考えられる。また、非言語を活用する相互のコミュニケーションとは、相手が話した言葉以外の相手の顔の表情やしぐさ、座り方、ジェスチャーなどを総合的に判断しながら相手の感情などを読み取ることである。つまりカウンセリングは、お互いの言葉のやり取りと非言語のやり取りから成り立っていると考えられる。

このように、ケースワークとカウンセリングとは若干意味合いが異なってくるが、援助技術には、直接援助技術としてのケースワーク（個別援助技術、カウンセリング＜個別面談＞を含む）が面接の基本となっている。なお、そのほかグループワーク（集団援助技術、集団作業を含む）なども用いられることがある。

2. 思い込みを防ぐための共感的傾聴

人間には思い込みによる錯覚が往々にしてありがちで、自分の思考の枠組みの中だけで物事を判断しようとする傾向がある。このことを十分に理解して、利用者に対応することが重要である。つまり、カウンセリングの第一歩は、相手の話を聴くことから始めることが重要である。この聴くカウンセリング理論を提唱したのがアメリカの臨床心理学者ロジャーズ（Carl Ransom Rogers, 1902〜1987）で、来談者中心療法（Client-Centered Therapy）を創始した。この療法では、「無条件の肯定的関心」、「共感的理解」、「自己一致」をどのように実現するかが重視される。

無条件の肯定的関心とは、利用者のありのままの率直な言葉や感情などを無条件に受け入れて、利用者の個人的な価値観に対して自分の価値観を加えず、道徳に反するようなものであってもその気持ちをできる限

り受け入れ、理解しようと努めることをいう。共感的理解とは、相手の立場に立って、その中で問題となっている人間関係や社会環境においてどのような感情や情動を抱いているのかを共感的に理解するように努めることをいう。また、自己一致とは、「自分がどのような人間であるのかという自己概念」と「自分が過ごしてきた現実社会での今までの経験」が一致していて、矛盾がない状態をいう。

　思い込みによる錯覚を防ぐには、このような共感的傾聴の技術が必要となってくる。そして、現在でもロジャースのこの共感的傾聴は、カウンセリングの初期の場面に必要な大切なことと考えられている。

3. 面接における言語的技術

　例えば、幼稚園などの教育現場において、幼児等の保護者（親）は、助言や指導を得たいと思う気持ちがある一方で、自身の育児方法や家庭内の問題については指摘されたくないという気持ちを併せ持っている場合もある。また保護者の中には、家庭のしつけなどの問題であるにもかかわらず園側にその責任を求める者、自分の子どもへの保育者の対応のまずさを不満とする者や、園側や保育者に対する依存心が極めて強く過剰な期待をかける者など、さまざまな人物がいる。

　そのため、面接での注意点として以下のようなことが挙げられる。
①表面的な言動にとらわれず、言動の背後にある"そうせざるをえない"気持ちを考慮して、その人の行動を理解する。
②人間は、頭の中では十分に分かっていても、実際はそのように行動できないことが多い。そのため、その人が本当に目的に沿った行動ができるために何が必要であるかを考慮しながら、働きかけを行う。

　つまり、利用者の話を十分に聴く「傾聴」の技術が重要である。この「傾聴」の技術はいくつにも分類されるが、主なものとしては、「受容」、「繰り返し」、「明確化」、「支持」、「質問」の5つが考えられる。

　「受容」とは、利用者の相談事に対して価値判断を入れることなく、

利用者に関心を持っていることを伝えていくことである。それによって「自分の気持ちを本当に理解してもらった」とか「受け入れてもらった」と実感させ、「私の本当の理解者だ」と感じてもらうようにする。

「繰り返し」とは、利用者が発した言葉そのものや要約を言って返すことである。これにより、利用者は内省したり考えを整理したりできるようになる。

「明確化」とは、利用者が日頃からうすうす気づいていることを援助者側がはっきりと言語化することによって、利用者の気持ちを明確にさせることである。このことによって、利用者は現実的な判断や行動をとれるようになる。

「支持」とは、利用者の言葉や感情などに対して、援助者側が賛同の意思を表明することであり、この結果、利用者の自己肯定感や自尊感情を高めることができる。

「質問」とは、利用者の考えや感情などについて、利用者の現状や過去の状況について問うことである。援助者側が利用者の現状や過去について理解できるとともに、利用者に現状に対する気づきを促したりすることができる。

なお、面接の場では利用者がときおり「沈黙」することがあるが、心の中で何か動きがあると思われる沈黙にはゆっくりとつきあうことも重要である。この場合は、「なぜ」や「どうしたのか」といった質問で利用者を追い込まないようにする。

4. 利用者の話を聴くためのポイント

さて、皆さんには「会話なんて簡単！」といった思い込みがないだろうか。人と会話するときに、「ある種のくせ」が自分にあることを知っておく必要がある。例えば、人の話を途中で取ってしまったり、すぐに遮ったり、聞くだけに終わってしまうなど、人それぞれに特徴を持っているものである。人の話を聴くのは難しいものであり、できているよう

でほとんどできていないのが現状であろう。そこで、相談に当たっては以下のようなポイントを押さえておくことが必要である。

(1) 共感的傾聴のポイント

インテーク（一番最初の面接）の場面においては、特に次に示すような注意が必要である。

①相手の心を開かせるために、不安要素を取り去る雰囲気を作る。雰囲気作りは大切で、場所や服装、表情、言葉遣いなどに気をつける。
②相手に対して先入観を持つことは非常に危険であり、最初からこの人はこうだろうと決めつけて話を聞こうとしてはいけない。
③相手を尊重し、気をそらせないようにすることが重要である。ほかのことをやりながら話を聞くなどは絶対にしてはいけない。
④視線の位置は非常に重要であり、うなずきや相づちも必要である。
⑤できる限り相手に話をさせ、相手の立場に立って問題解決を考えるようにし、さらに相手の能力に合わせた解決方法を考える。
⑥言葉尻にとらわれず、話の趣旨をつかむ。相手が何を言おうとしているのかを洞察することが重要である。
⑦常に支持的であるようにする。「違う」と思っても、「そうではないのではありませんか」「こんな考え方もありますよ」などの言葉は、信頼関係が醸成されてから言うべきである。

(2) 利用者への応答のポイント

①「受容」の言葉を出す……「はい」「なるほど」「そうですか」など。
②「繰り返し」の技術を使う……「とてもつらいんです」と利用者が言えば、「とてもつらいのですね」と応える。
③「明確化」の技術を使う……利用者の言いたいことを、「つまり、あなたは、○○なんですね」と要約する。
④相手が話しやすいように、リードの言葉を入れる……「それで…」

「それで、あなたは、どうされたんですか？」「その時、あなたはどう感じたのですか？」などである。ところが一方「どうして」とか「なぜ」などという詰問口調になってしまうと、利用者は自分が責められているような気になってしまうので注意を要する。
⑤共感・支持などの言葉を感情をこめて伝える……例えば、「本当に嫌なことがあり…つらかったんです」という利用者の言葉に、「同じ立場だったら、私もそう思いますよ」等の言葉を用い、利用者の気持ちを理解することが大切である。

(3) 相談に訪れる利用者の気持ちの理解

利用者は、以下に述べるような不満、不安や恐れ、期待などの感情を持って訪れてくるのが常である。相談に当たっては、このことを十分に理解して対応することが必要となる。
①不満……利用者の多くは、現在の状況に対してうまく対応できない自分に不満を持ち、さらに自分を苦しめた他者に対しても極めて大きな不満を持っている。
②不安や恐れ……利用者の多くは、以下のような不安や恐れを抱いていると考えられる。
　・「自分の考えを否定されないだろうか」という恐れ。
　・「心を見透かされたり、厳しいことを言われないか」という不安。
　・「本当に自分の気持ちを理解してくれるだろうか」という不安。
　・「ばかにされるのではないだろうか」という不安。
③期待……利用者の多くは、以下のような希望や期待を持っていると考えられる。
　・混乱と苦しみからなんとか早く逃れたい。
　・アドバイスよりも支えや慰めが欲しい。
　・私のためになるアドバイスが欲しい。
　・「自分を丁寧に扱ってほしい」「話をしっかり聞いてほしい」など。

5. 面接における非言語的技術

　非言語的技術とは、視線、表情、ジェスチャー、座り方などが挙げられ、前述のような口頭によるコミュニケーションの技術を補ったり、場合によってはそれ以上の効果を発揮することもある。
　視線は、自分の気持ちを相手に伝えるときや相手の気持ちを読み取るときにコミュニケーションの大事なチャンネルとなり、目を相手に向けて話すことは極めて大事なことである。表情は、気持ちに添った感情が相手に伝わるため、時と場合に応じて表情を選んで気持ちを伝える工夫が必要となる。ジェスチャーは、心を表す身体言語である。座り方は、心理的距離を示すもので、近くに座ったほうがよい場合が多い。
　このように、カウンセリングの場面においては、非言語的な技術も重要となることを念頭に置いておく必要がある。

第2節　多様なアプローチ展開

　相談援助を行う際には、アプローチの方法についての理解が重要である。具体的には、「システム・アプローチ」、「エコロジカル・アプローチ」、「課題中心アプローチ」、「危機介入アプローチ」、「ナラティブ・アプローチ」などが挙げられる。以下に、各アプローチ法の概要を示す。

1. システム・アプローチ

　利用者とその周辺における環境要因をシステムとして捉え、援助の対象と考えることである。
　ここでいうシステムとは、意味のある要素の集まりであり、家族もその一つとして考えている。家族は、それぞれに関係性を持ちながら相互

に影響を与え合い、共同生活をしている。そして、その時代や文化、社会の影響を強く受けながら、ひとまとまりの統合体として機能するという意味において、家族もまた一つのシステムとみなすことができる。

家族との共同作業によって明らかになることとして、「援助者のもとに相談に来るまでに、さまざまな解決への努力をしている」「家族が求める援助目標と、援助者側が考える援助目標とは、必ずしも一致しない」「利用者について最もよく知っているのは家族である」などが挙げられる。そこで、援助者のスタンスとしては、「家族の言い分や考えを十分に尊重して、原因探しは行わない」、「援助者の評価基準や専門的知識を当てはめない」などを念頭に置きながら相談活動に移る必要がある。

なお、システム・アプローチによる家族援助は、以下のような場合に役立つと考えられている。

・児童期や青年期の問題（非行、家庭内暴力、引きこもり、不登校、摂食障害等）で家族や援助スタッフがその対応に困るとき。
・夫婦や家族関係に関連する問題（離婚にまつわる問題、虐待・ネグレクト、うつ病、アルコール依存問題等）解決への援助。
・自然災害や犯罪被害などによる物心などの喪失、心的外傷をめぐる個人の内的な問題、家族の回復への援助が必要な場合。
・慢性の疾患、障害（統合失調症、認知症、発達障害等）を持つ利用者を支える家族への援助、心理教育的アプローチ。

2．エコロジカル・アプローチ

生態学的視点を基礎として、家族、コミュニティ、組織等の介入レベルごとに生態学的な発想で具体的な臨床技法やアプローチを開発しようとする援助方法である。エコロジカル・アプローチ（ecological approach）は、人間の心理的問題や精神疾患は個人要因と環境要因の相互作用によって形成されるという生態学的な人間観に基づいている。人間の行動や人格を変容させるには、利用者を取り巻く社会環境や家庭環境を改善

するよう積極的にアプローチしていく必要があるという考え方である。つま、個人を、家族や近隣あるいは職場、地域などの集団の一員とみなし、環境との相互作用関係で捉えて援助を行うアプローチ法である。

このエコロジカル・アプローチは、ギブソン（J. J. Gibson, 1904～1979）が唱えたといわれている。ギブソンはアメリカの心理学者で、知覚研究を専門とし、認知心理学とは一線を画した直接知覚説を展開した。

3. 課題中心アプローチ

人にはもともと課題を達成する能力があるという考え方であり、利用者の訴える問題を優先し、利用者と共に課題を設定し、達成目標と達成に向けての計画を作成するという援助方法である。利用者が自分の問題に対して意識的に取り組むことが重要であり、短期的に効果をあげたい場合に有効とされる。つまり、この課題中心アプローチは、特定の課題を相談援助者と利用者双方の合意の下に行う短期集中的な援助方法である。課題中心アプローチの特徴としては、以下のような点が挙げられる。

・当面の課題とケースの目標を整理し、利用者と契約することによって、ケースに関わる者全てが課題を共有する。
・具体的な課題を設定する計画的なプロセスを明らかにする。
・課題の遂行状況をモニターし、評価する手順を明確にする。
・目的を持った行動をアクションと呼び、一連のアクションを「課題」（task）とする。

この課題中心アプローチは、1960年代後半シカゴ大学のライド（W. J. Reid）と社会福祉研究者のエプスタイン（L. Epstein）によって開発された。

4. 危機介入アプローチ

危機に直面して情緒的に混乱している利用者に対して、迅速に適切な時期に危機介入していく援助方法である。危機理論を導入したもので、積極的・集中的な援助により危機状況からの脱出を図る援助方法である。

ここでいう危機介入とは、危機状態にある対象者（個人、集団、組織、地域など）に対して、その状態からできるだけ早く脱出することを目的に、迅速かつ直接的に行われる援助である。

　危機とは、利用者がそれまでの経験から獲得し、用いてきた対処方法では問題解決を図ることができず、情緒的に不安定な事態に陥っている状態をいう。この危機理論は、火災で犠牲となった人々の関係者（遺族、親族、友人・知人）の悲嘆に関するリンデマン（E. Lindemann）の研究に端を発している。彼は1942年、ボストンのナイトクラブの火災で死亡した493人の家族らの反応についてまとめた。この反応プロセスを急性悲嘆反応と表現し、一連の悲嘆過程を理論化していくための基礎となった。危機理論は、後にキャプラン（G. Caplan）らと共同で、1940～60年代に構築された理論である。

　危機介入法では、限られた時間内での面接で対処することになる。危機状態が持続するのはおよそ1～6週間程度であり、その間にタイミングよく介入する必要があるので、面接回数もおおむね5回以内となる場合が多い。この危機介入法では、現時点での利用者の問題発生状況を理解し、危機に関係する事柄に集中的に取り組むため、生育歴などにまでさかのぼることはない。現在の問題の理解と、将来に向けての対処の仕方が中心的に扱われることになる。

5. ナラティブ・アプローチ

　利用者が物語る人生観を基にしながら、その人らしい生き方を見いだしていこうとするアプローチ方法である。これは、現実であると信じているものはその人の意識により作り上げられたものであり、何一つ真実はないといった考えに基づいたものである。利用者と相談援助者が、相互に関係性を保持しながら新たなストーリーを生成し、問題状況からの決別を図ろうとする援助方法である。1990年に、精神ソーシャルワーカーのホワイト（Michael White）と、文化人類学者のエプストン（David

Epston）によって提唱された。このナラティブ・アプローチは、利用者が「自己」について否定的なストーリーを抱き、それを変えることができないと信じ込んでいる場合に有効であるといわれている。このように、利用者の中で確立しているストーリーをドミナント・ストーリーという。

　ナラティブ・アプローチは、従来の伝統的な科学主義・実証主義に対する批判として誕生した経緯があり、主観性と実存性を重視している。そして、現実は人間関係や社会の産物であり、それを人々は言語によって共有しているとする認識論の立場に立つ考え方である。

6. アウトリーチ

　その他、問題解決を促進する技法としてアウトリーチ（out reach）がある。アウトリーチとは、客観的に見て援助が必要と判断される問題を抱え、社会的に不適応の状態にありながら接触困難な利用者に対し、援助者の責任において行われる積極的な介入のことである。当事者の問題意識が低く援助を求めない場合や援助を拒否している場合などで、緊急的な対応が必要な場合にとられる介入活動であり、児童虐待や生命の危機に及ぶ問題など、アウトリーチとして対応すべき範囲は広がっている。

　アウトリーチのポイントとしては、自ら援助を求めようとしない利用者の動機づけを高め、サービス利用や問題解決を促す援助を行う。そして、アウトリーチの対象は、自ら援助を求めようとしない個人だけでなく、周囲の地域社会そのものや、関係機関までをも含む。近年では、専門職からの積極的なアプローチなくしては生活が成り立たない人たちの存在が指摘されている。

【参考文献】
　福祉臨床シリーズ編集委員会『相談援助演習』弘文堂、2008年
　星野欣生『人間関係作りトレーニング』金子書房、2004年

第7章

相談援助の過程

和田上貴昭

第1節　相談援助過程の共通点と相違点

1．利用者との関係性

　援助者が支援を提供していく際には、取り組み目標を明確にした段階を追うことが重要となる。これは、援助者・利用者間の援助関係の形成、利用者自身の心構えなど、相談援助の過程の中で培われていく要素があるからである。

(1) 利用者の心情

　これからサービスを利用する人にとって、援助者はどのような存在であろうか。①腹が立つと子どもに暴力をふるってしまうという悩みを抱えていて、大きな決心をして児童相談所の門をくぐる場合、②たまたま子どもと立ち寄った児童館の中に子育て相談コーナーがあり、日頃から気になっていた子どもの発達に関する情報を教えてもらおうとする場合、③経済的に困窮しているシングルマザーが福祉事務所を訪ねる場合——など、さまざまな状況が考えられる。ほとんどの場合、相談に乗ってもらう援助者と利用者は初めて顔を合わせることとなる。

　そこで初めて出会った人に、自分のことを気さくに語ることができるだろうか。①の腹が立つと子どもに暴力をふるってしまうような深刻なケースの場合、援助者から「なんてひどい母親だろう」と思われてしまうのではないか、叱られるのではないか、同情されるのではないかなどと心配するかもしれない。また、③のシングルマザーのケースにおいては、「なぜ男性と結婚しないのか」など、これまでの生き方を否定されてしまうのではないかと心配するかもしれない。自分のことを知らない人に自分の「悪い」側面のみを見せるのだから、その部分だけで判断さ

れてしまうのが心配の原因になるのだ。

(2) 援助者の心構え

　このように利用者にとって、相談相手がどのような人か知らないということは、利用者を防衛的にする。そのため、利用者に対して相談援助を行う際には、利用者との関係性（援助関係）の構築状況を意識する必要がある。

　援助関係には、信頼関係の形成が不可欠となる。利用者自身のプライベートな情報を伝えるのだから、信頼のおけない人に話すわけにはいかないのだ。援助者は利用者の信頼を得るべく、コミュニケーション技術や面接技法を活用しながら、誠実に関わりを持つことが必要である。

　利用者にとって、援助者は利用者自身の生活上の課題に共に取り組むパートナーである。利用者との対等性というものが、援助関係を保持するためには重要な要素となる。ともすると、専門家は権威的に振る舞うことがある。利用者よりも専門的な知識が豊富であることが、その自信となってしまう。しかしながら、相談援助は利用者の情報なしには進展しない。援助者は利用者に寄り添い、共に課題の解決の過程を歩むため、常に対等性を意識していく必要がある。

2. 相談援助における過程

　相談援助の過程においては、利用者との関係性だけでなく、その手順を踏むことで利用者を取り巻く状況の理解が深まり、援助が効率よく進む。ただし相談援助の幅は広く、ミクロからマクロ、つまり個人を対象としたものからコミュニティを対象としたものまである。対象によりその手順は異なるが、本節においては、大まかな流れについて説明していく。

(1) 対象による過程の違い

　相談援助の対象はさまざまである。また、直接的に利用者を支援する

だけでなく、間接的に利用者の暮らすコミュニティを変化させるものもある。共通点は、個人の生活課題となる事柄は個人と環境との関係において生じる、という基本的な考え方だ。したがって個人を対象としたときには、個人のどのような側面と環境のどのような側面が生活上の課題を生じさせているのかをアセスメントし、その結果に従ってプランニングを進めていく。対象をコミュニティにした場合も同様である。そのコミュニティに暮らす人々の生活上の課題は、人々のどのような側面とコミュニティを含む環境のどのような側面が生じさせているのかをアセスメントし、プランニングする必要がある。

　一方で、対象によって進め方を考えなければならない場合もある。対象が個人であれば、その人を知る方法は、面接が中心になってくるだろう。対象がコミュニティである場合には、聞き取りやアンケート調査、既存の統計調査の活用となる。このように、情報収集の方法が全く異なることになる。支援の方法においても、直接的にサービスを提供する方法とサービスの開発に当たる方法では、援助者の取り組み方も異なる。

　相談援助はその範囲の広さゆえに、個々の対象ごとに異なる過程を経ることとなるのだ。

(2) 共通の過程

　相談援助は、おおまかに下記の過程を経て援助活動を展開する。つまり、①開始期（導入期）、②計画期、③展開・実施期、④終結期である。

①開始期（導入期）

　この段階は、援助者と相談援助の対象となる事柄が出会う時期である。対象によって、利用者が援助者のもとに来て自身の課題を打ち明ける場合もあるし、援助者自身が課題を抱えている人のもとに出向く（アウトリーチ）という場合もある。援助者と利用者が初めて出会う段階であり、利用者との援助関係の構築を主眼に置くことが必要となる。また、何が課題の背景にあるのかについて、情報を収集しアセスメントを行うこと

が必要となる。

②計画期

アセスメントに基づいてプランニングを行う段階である。活用できる社会資源等を明確にし、長期・中期・短期目標を設定し具体的な働きかけを計画する。特に、社会資源の活用は重要である。社会資源は制度・施策に限らず、家族・親族や近隣の知り合いなど、インフォーマルなつながりを活用することで、きめ細かな対応が可能となる。

③展開・実施期

計画に基づいた取り組みが行われる段階である。この段階での取り組みが課題の解決（もしくは軽減）に向けた直接的な関わりとなる。もちろん、計画段階で想定していなかった状況が発生する場合もあるから、モニタリングを常に意識して、必要であれば前の段階に戻りつつ、利用者にとって最善の取り組みができるように心がける必要がある。

④終結期

一連の援助の過程の最終段階である。利用者の課題が解決することが望ましいが、状況によっては課題の設定の見直しにより、他の援助機関等への移行により終結する場合もある。どのような状況で終結を迎えるにしても、利用者との合意のもと終結することとなる。また、援助の全課程における評価を行うことが必要となる。

第2節　相談援助の各段階

1. 開始期（準備期）

本節では、個人を対象とした相談援助の過程における各段階を概観することで、保育士が行う相談援助の過程について考えていくこととした

い。個人を対象とした相談援助は、保育士を目指す学生にとって一番身近であろう。

　開始期は利用者がサービスと初めて出会う段階であり、援助関係の構築や情報収集、アセスメントといった、その後の援助の展開を左右する重要な段階となる。

(1) インテーク

　インテークは利用者が援助者と最初に持つ接点の段階のことであり、初回面接などと訳される。この時、利用を希望する人はどのような状況にあるのだろうか。事例を基に考えてみよう。

〔事例　場面1〕

　X市にある児童家庭支援センターの子育て相談窓口に、Aさん（女性）がB君（2歳男児）とともに来所した。Aさんは不安げな表情で、「子育てのことで相談したいのですが、こちらでよろしいでしょうか」と話し始めた。Aさんの話は次のとおりである。

　3年前に結婚したが、B君が生まれた直後から夫と毎日のように言い合いが起きるようになり、3カ月前に離婚が成立した。当初は、元夫から養育費をもらえることになっていたが、1回も払ってもらわないまま元夫とは連絡が取れなくなってしてしまった。今は、B君と2人暮らしである。知り合いの設計事務所で事務の仕事を始めたため、B君は先月から保育所に通っているが、保育所で問題児として扱われている。情緒的に不安定で、他の子どもたちとのトラブルが起きると、相手をひっかいたり、かみついたり、突き飛ばしたりするようだ。私の育て方が悪いのだろうか。どのように育てたら良いのだろうか。

　相談員で社会福祉士のCさんは、「それはお困りですね」「働きながらお一人で子育てをなさって、ご苦労も多いことだと思います」「もう少

し詳しい状況について教えてください」などの言葉かけを行った。Aさんは涙を流しながら、これまでのつらかったことを話し始めた。Aさんの気持ちが落ち着いたところで、Cさんは「まだまだ話し足りないことがあると思います。良かったら来週にでもまた来てください。いっしょに子育ての方法について考えていきましょう」と声をかけた。

Aさんは一人で子育てをする中、子どもの「問題行動」が発生し、どうしてよいか分からない状況である。わらにもすがりたい気持ちで相談窓口に来たに違いない。身近に相談できる相手がいないか、もしくは相談の結果、解決に至らなかったのであろう。

このように、自身の生活上の課題について身近な人に相談をしたり、取り組んだりして手を尽くしたものの解決策が見いだせず、ようやく福祉サービスにたどり着いたというケースも少なくない。その場合、利用者自身は疲れ果て、自分自身に無力感を抱いている。しかしながら、専門職への相談というのは一般的に敷居が高く、相談しにくいという現実がある。知らない人に自分のネガティブな側面を話さなければならないのだから当然だろう。

そこで援助者は、利用者の必死の思いに対して、共感的・受容的に関わることが必要となる。事例においてCさんは「それはお困りですね」と共感的な態度を示している。また「働きながらお一人で子育てをなさって、ご苦労も多いこと思います」と、これまでのAさんの生き方を尊重し、そのつらい気持ちを受容している。このように、利用者がため込んでいた不安やつらさ、怒りなどのさまざまな感情を発露した話を非審判的態度で聞き、受け止めることで利用者からの信頼を得ることにつながり、利用者は「相談して良かった」と思えるのである。

また、利用者が何を求めてサービスを利用しているのかを確認する必要もある。そのためには感情に配慮しつつ、情報を得るための声かけが必要となる。事例では「もう少し詳しい状況について教えてください」と、Aさんの話に関心を示しているというメッセージを伝えつつ、情報

収集を行っている。
　インテークの段階では、こうして利用者の感情面に配慮し、援助関係の構築につなげることと、主訴（どのようなニーズを持っているのか）を確認することが必要となる。

(2) 情報収集
　課題の解決または改善のための方策を立てるためには、なにより情報が必要となる。この段階では、利用者自身と利用者を取り巻く環境の情報収集を行う。

〔事例　場面2〕
　次の週、約束した時間よりも少し早く、Aさんは来所した。Aさんは「前回みたいに、泣きながら人に悩みを話したのは初めてでした。話した後は疲れたけれど、すっきりしました。おかげで、Bともイライラせずに関わることができました。人に話すって大事ですね」と話し始めた。ときおり涙ぐむことはあったが、前回とは異なり、落ち着いて話しているようにCさんには見えた。Aさんが話した内容は次のとおりである。
・この1週間、あまりイライラせずにBと関わりを持つことができた。これまではイライラすると、Bを些細なことでどなったりたたいたりすることもあった。
・保育園でのBの「問題行動」が、この1週間は減少したようだ。
・母は自分が幼い頃に他界し、父と2人暮らしであった。しかし、その父も昨年亡くなった。幼い頃は母に甘えることができず、我慢することが多かった。
・近くに友人はいるが、子どもがいない友人ばかりで、子育てのつらさについて分かってもらえない。
　最後に、「子どもをたたくなんてひどい母親ですよね。『問題行動』が出るもの当然ですよね。でも、これまで誰にもそのことは言えなかったんで

す。前回も『ひどい母親』って思われたくなくて、このことだけは言えませんでした。でも、Cさんになら言ってもいいかな、って思って今日話したんです」と話した。

　インテークの際に得た信頼により、「子どもをたたいていた」という情報を得ることができた。このように、利用者は援助者との関係性の中で、話す内容を選択している。「この人なら私の気持ちをわかってくれる」と利用者が思えるような対応が必要なのだ。信頼を得ることの重要性はここにある。

　また、情報は利用者から得るだけでなく、利用者の了解のもと、利用者に関係のある人々から収集することもある。今回の事例であれば、Aさんの了解のもと、保育所にB君の保育中の様子を尋ねることも必要かもしれない。情報は現在の状況だけでなく、必要に応じて利用者自身の生い立ちに関するものも得る。出来事だけでなく、その出来事に対する認識、それによる影響なども確認する必要がある。これは、次のアセスメントにおいて重要な役割を果たす可能性がある。

　さらに情報収集において留意することは、情報の持ち主が利用者だということである。援助者は利用者から情報をもらうことはできるが、情報量として利用者を上回ることはない。援助者は利用者の状況を「診断」するのではなく、利用者に利用者自身の状況を教えてもらい、共に支援の方法を検討していくのだということを常に認識しておく必要がある。

(3) アセスメント

　こうして集められた情報を評価するのがアセスメントの段階である。集めた情報を基に、生活課題の要因について検討し、支援に生かせる社会資源に関する可能性を検討するのだ。これらは、必要な支援を決定する重要な要素となる。

〔事例　場面3〕
　Cさんはこれまで得た情報をもとに、Aさんの悩みである「B君の問題行動」についてアセスメントを行った。その内容は下記のとおりである。
　B君の「問題行動」は、Aさんのイライラおよびそれに伴う暴力から生じていると考えられる。B君はまだ年齢が低いので、Aさんの関わり方が変化し、Aさん自身の情緒的安定が図れれば、落ち着く可能性がある。
　離婚したことと、仕事をしながら子育てを一人でしなければならないという心理的負担感が、Aさんのイライラの原因となっていた。B君は、反抗期ということもあり、Aさんのイライラを増長する要素を持っていた。

　事例のアセスメントによると、B君の「問題行動」は、Aさんの関わりしだいで減少またはなくなると考えられる。したがって、次のプランニングの段階においては、Aさんのイライラを減少させるための方策を練ることとなる。もし、B君に注意欠陥/多動性障害（AD/HD）が疑われた場合、障害特性に配慮した対応などを含むプランニングが必要となるため、先ほどのプランニングとは異なるものが出来上がる。アセスメントは、次のプランニングの段階と密接に関係しているのだ。

2. 計画期、展開・実施期

　利用者の課題に実際に取り組む段階である。課題の軽減もしくは解消が行われるための取り組みが行われるが、モニタリングを通して、常にその介入が適切であるかを確認しながら進めていくことが必要となる。

(1) プランニング

　アセスメントの結果を受けて、プランニング（計画立案）が行われる。

〔事例　場面4〕
　Cさんは、アセスメントの結果をAさんに伝え、意見を求めた。Aさん自

身、自分のイライラが「問題行動」に関係していることに気づいていたので、適切であると判断した。そこで2人は、今後どのようにしていけばイライラが軽減するのかを検討した。

　Aさん自身は、「ママ友」ができればグチをこぼすことができ、イライラすることが少なくなるかもしれない。また、たまには子どもを預けてリフレッシュする時間を持ちたい、との希望が出た。

　Cさんはそれを受けて、保育所の保護者会活動に積極的に参加すること、または近隣の児童館を拠点に活動している子育てサークルに参加することで、「ママ友」ができるのではないかと提案した。また、リフレッシュするために、児童家庭支援センターの事業の一つである「ショートステイ」や、市の社会福祉協議会で行われている「ファミリーサポートセンター」事業を利用し、一定時間、子どもを預かってもらうことも可能であることを伝えた。Aさんは、保育所の保護者会活動への参加に取り組むこととした。

　アセスメントおよびプランニングに関わる援助者自身が提供できる事柄だけでなく、その人の課題を解決していくために活用できる社会資源にはどのようなものがあるかの検討を行い、利用者の合意のもと、計画に反映させていく。事例においても、Cさんの所属する児童家庭支援センターの事業だけでなく、Aさんが利用可能な社会資源を選択肢として挙げている。社会資源には、制度化されたサービスだけでなく、家族や近隣の知人などの協力を得るなど、さまざまなものが含まれる。

　また、一般的には長期・中期・短期目標を立て、時期および何を達成するのかを明確に示すことが必要となる。

(2) 介入およびモニタリング

　介入とは、プランニングの結果を実施する段階である。直接的なサービスに利用者を結びつけることとなる。そしてモニタリングとは、援助が適切に行われているのかを確認、評価するものである。

〔事例　場面5〕

　Aさんはまず、保育所の運動会のお手伝いに立候補し、他の保護者とともに運動会の保護者競技等の準備を担当することとなった。他の保護者と時間調整しながらの打ち合わせであったので、なかなかまとまった時間がとれず、大変であった。しかし、元来人と話すのは好きな性格ということもあり、それが楽しみになっていった。

　運動会を終える頃には、仲よく話ができる「ママ友」が数人できていた。特に、3人兄弟の母である年上のDさんは頼れる存在であり、Dさんが「だいじょうぶ」と言ってくれるだけで安心するほどであった。また、夕食を共にしたり、休みの日に子どもたちを近隣の公園で遊ばせているのを見守りながらおしゃべりをしたりするなど、子どものことについて気楽に話す機会もできた。「ママ友」とのおしゃべりを通して、気持ちを発散するだけでなく、他の母親も子育てに悩んでいることが分かった。また、保育所でのお友達とのトラブルはつきもので、その体験を通して子どもは成長するのだということにも気がついた。

　B君自身の「問題行動」もほとんど起きなくなった。もちろん、他の子どもとのトラブルは生じるものの、過剰な暴力が出ることはなかった。保育所の担当保育士によると、「最近、情緒的に安定しています」とのことであった。CさんがAさんに確認すると、当初必要であれば利用するといっていた「ファミリーサポートセンター」についても、「必要ないです。今は子育てを楽しめる余裕が出てきたので」とのことであった。

　プランニングが実行されて、期待した効果が得られていれば、適切な情報収集、アセスメント、プランニング、支援が行われたことになるが、そうでない場合には、なんらかの問題が生じていると考えることができる。そうした場合、情報収集、アセスメント、プランニングのいずれかの段階に立ち戻って再度取り組む必要がある。事例の場合には、予想以上に良い効果が生じたため、他のサービス利用の必要がないと判断され

た。しかし、モニタリングの結果によっては、必要に応じて前の段階に戻り、やり直しをする必要が出る場合もある。

　また、子育て家庭への支援において、子どもの発達がアセスメントやプランニングに影響することもある。先ほどの事例において、B君が2歳で反抗期の時期にあることは、母親にとって大きな負担となっている。しかしこの時期を過ぎれば、母親の負担感は軽減する可能性がある。こうした状況の変化によって、アセスメント、プランニングが変更されることもある。さらに、サービス提供側の事情により、プランニングが適切に実施されない場合もある。モニタリングは、適切な支援が提供できるように、常に利用者および支援の状況をチェックし、不適切な状況があれば改善の必要性を見いだす役割を果たしている。

3. 終結期

　援助の終結は、それまでの援助関係の終結を意味するため、利用者にとっても援助者にとっても重要な段階である。状況によっては、利用者が援助者に依存しすぎてしまい、利用者自身の力を奪ってしまっていることもある。また、利用者との関係は、専門職としての契約に基づいた関係であることも意識する必要がある。

(1) 終結

　援助の必要性が認められなくなった場合、またはそれまで利用していた援助機関での援助が困難になった場合に、終結を迎える。

〔事例　場面6〕
　　Aさんと「ママ友」との関係が順調であることや、B君が情緒的に安定していることを受け、CさんはAさんに援助の終結をすることをAさんに伝えた。Aさんにとって、Cさんは大きな支えだったために、「これからも相談しに来させてほしい」と援助の継続を希望した。Cさんは「もちろん、これからも

いつでも相談に乗りますよ。ただ、B君が情緒的に安定した今、当初の目的は果たされたのです。だから、ここでいったん区切りをつけることが必要と感じたのです」と伝えた。Aさんは、これからも相談に来てもよいことを何度も確認し、援助の終結を了承した。

　その後Cさんは、自身のスーパーバイザーであり上司でもある児童家庭支援センターのセンター長に、援助が終結したことを報告し評価を求めた。

　子育て家庭への支援においては、子どもの発達により状況が変化する可能性が高い。事例のB君の情緒が安定してきたことは、Aさんの情緒的安定が影響している部分もあるが、B君自身の成長によるところもある。また、状況に応じてこれまで支援を行ってきたサービス提供機関（施設）では、利用者のニーズに応えられないと判断される場合には、そこでのサービス提供の終結を行い、他のサービス提供機関（施設）に引き継ぐことが必要となる。

(2) 評価の意義

　終結場面では、これまでの支援の評価を行う。このことは、援助者が自身の取り組みを振り返り、力量を高めるうえで必要な取り組みとなる。事例では、スーパービジョンが行われている。スーパービジョンは、援助者の力量を高めるうえでたいへん有効な手段である。終結場面はもちろん、必要に応じて提供される体制が構築されていることが望ましい。特に、終結場面で行われるスーパービジョンは、これまでの援助者の関わり等の妥当性を問うものとなる。

【参考文献】

　（社）日本社会福祉士養成校協会編『相談援助演習　教員テキスト』中央法規出版、2009年

第8章
相談援助の計画立案と実施

潮谷　光人

第1節　支援計画の立案

1. 支援計画の位置づけ

　現在、さまざまな保育現場において、アセスメントした内容を基に児童や家族に対し個別に支援計画を策定し、計画的に支援を実施していくことの重要性が強調されてきている。児童福祉施設においては、1997年に児童自立支援計画の策定が通知され、さらに2004年の児童福祉法の改正やそれに伴う児童福祉施設最低基準の改正において、より高度な専門性を必要とするケースを担当することとなった児童福祉施設や児童相談所に対して策定が義務化されるようになっている。

　また、保育現場においても2008年に改定された保育所保育指針において「第4章　保育の計画及び評価」として保育所における指導計画が位置づけられ、加えて同章の「(3) 指導計画の作成上、特に留意すべき事項」として「家庭及び地域社会との連携」という項目、また「第6章　保護者に対する支援」といった項目を設けることにより、児童およびその家族に対しても計画が位置づけられている。保育所においては、現在のところ個別に計画を策定するよりも、年間を通じた学年単位の計画を策定していることが多い状況であるが、個別に配慮が必要なケースや専門的な支援が必要なケースなど、個別に支援計画を策定することも増えてきている。その他、障害児支援の施設や子育て支援の場などにおいても支援計画の策定は定着してきている。

　支援計画の策定において、ワーカー（援助者）は相談援助を通じてクライエント（利用者）である子どもや家族の置かれている状況を把握し、健康状態、発達、心身の状況、それぞれを取り巻く家庭、教育・児童福祉諸機関、近隣地域の養育力や子どもを中心とした相互の連携状態につ

いて、より的確にアセスメントするとともに、これに基づいた適切な支援計画を策定することが求められる。ここでは、常にアセスメントと支援計画とが連動性を持ち、整合性のある計画として策定され、実践として展開されなければならない。

　また、支援計画の策定は、アセスメントを基に利用者が問題解決に向けて、段階的に変化をしていくための具体的な支援内容が示されているものでなければならない。支援計画の内容は、常に本人中心のものとなっており、援助者と利用者とが共同作業として目標を設定し、計画に示された具体的な援助内容について合意をしておく必要がある。

2．支援計画策定の立案と目標設定

　計画を立案するうえで、目標の設定を利用者とともに行っていくことが求められる。計画の目標設定とは、利用者が家族や地域、ときには施設の中で、現在置かれている状況を理解したうえで、援助者とともにどのような生活をしていきたいのか「思い」を明確にすることである。目標を設定するためには、以下の5点に留意する必要がある。

(1) 利用者の「思い」をいっしょに育むことのできる援助者を当てること

　支援計画の目標は、まずアセスメントから導き出されたものであるとともに、利用者の求めている「思い」の短・中・長期にわたる段階的な状態であり、それらは常に援助者とともに共同で行われ、一致していることが重要である。決して専門職としての知識や経験から、援助者が一方的に利用者に対して、これが必要だからといった目標を設定するのではなく、共同作業としていっしょに目標を設定していく必要がある。

　そのためには、まず援助者と利用者が常に対等な関係、もしくは利用者が考えている「思い」を援助者が側面的に支えていくような関係を構築していくことが重要である。つまり、計画の策定者は、利用者が最も信頼をおける人物で、対等な関係が構築されており、「思い」を計画の

目標としていっしょに時間をかけて育むことのできる人物であると言える。

(2) 分かりやすい表現がされていること

　目標を設定する際には、本人が理解できるように分かりやすく表現することが求められる。本人の理解に合わせ、絵や写真での提示や丁寧な説明をしていくことが重要である。そもそも、目標は本人が立てたものであることから、利用者の言葉に近いもので表現がなされ、合意しておく必要がある。

(3) 具体的な支援内容が示された測定可能なものにすること

　目標を設定する際は、同時にその目標を達成するために必要な具体的支援内容を示すことが求められる。目標と支援内容は、みこしと担ぎ手の関係のように、常に一つの目標に対して複数の具体的な支援内容を必要としている。そこでは、具体的に誰が、いつ、どのような方法で支援を行っていくのか、支援内容を明確にしておく必要がある。目標やそれを達成するための具体的な支援内容は、モニタリングやエバリュエーションといった援助過程を通して評価がなされ、その効果や妥当性を検討する必要がある。そのため、これらは常に測定可能なものとして設定されている必要がある。

(4) 利用者を肯定的に捉えたものであること

　目標や具体的な支援内容においては、利用者の課題を挙げるのではなく、成長や発達を肯定した具体的な内容であることが求められる。例えば「施設内において他の子どもとの会話が少ないため、ふだんから寂しさを抱えないように支援する」ではなく、「施設内において会話がたくさんできる環境を支援し、ふだんから話すことのできる友人をつくれるように支援する」というように、否定的な表現を使用せず、肯定的に利

用者を捉えて表現することが重要である。また、③で示したように目標を達成するための具体的な支援内容を示す際も、同様に利用者を肯定的に捉えた姿勢が重要である。

(5) 施設や機関の機能と一致していること

　目標で示された内容は、利用者が利用している施設や機関で支援ができるものでなければならない。目標が他の施設や機関との連携や社会資源の開発などを含む内容である場合においても、その目標達成に向けて計画策定を行っている施設や機関の具体的な支援として明示する必要がある。

第2節　支援計画の策定の段階

　支援計画はアセスメントを基に、利用者の生活上の問題やそこから生じるニーズを分析し、目標を設定したうえで具体的な支援の内容を策定していくものである。そこでは、援助者は利用者主体の姿勢を堅持し、利用者のニーズに沿った計画策定を行わなければならない。既存のサービスや資源を優先することなく、あくまで利用者の「思い」から支援計画の内容を策定しなければならないのである。利用者の「思い」を優先することは、援助者の専門的知識や経験と同等に、利用者の潜在的な力をより信頼して支援を行い、対等な支援関係を築くということである。そうすることにより、利用者自身も自らの力を再確認し、問題解決に向けて、受け身ではなく主体的な取り組みを行うようになる。

　ここでは利用者の「思い」を重視した支援計画を策定するための段階について説明をしたい。

1. 利用者参加による支援計画の策定

　支援計画の策定は、利用者との共同作業によりなされていくことが求められる。策定において援助者と利用者がいっしょになって考え、時間をかけながら検討をしていく過程が重要である。たとえコミュニケーションが難しい利用者であっても、その利用者の側で計画について考えるといった姿勢が求められる。利用者との策定が困難な場合は、家族や後見人などの代理人が参加することも考えられる。利用者が自ら策定した計画であるということを意識してもらえるような計画策定にしなければならない。

2. ニーズの明確化

　まず、ニーズを明確化するには、アセスメントにおいて利用者の抱える身体機能的・精神心理的・社会環境的状況を、現在と過去において分析し、これから起こるさまざまな状況や問題について予測しておくことが求められる。それらを基に支援計画では、利用者のニーズとしてどのようなものがあり、どのニーズを優先すべきかを考え、目標として設定していくことになる。

　援助者は、これらの作業の中で利用者の生活上の困難を課題として捉えるのではなくニーズとして捉え、具体的な支援に結びつけていく必要がある。例えば、「夫が定職に就けないことから経済的に不安定となり、夫婦関係が悪化し、そのストレスが子どもへの暴力となっている」といったように課題としてのみ捉える視点ではなく、就職をしたいというニーズ、経済的安定したいというニーズ、夫婦関係を再構築したいというニーズ、子どもに対する適切な関わりをしたいというニーズ、感情をコントロールしたいというニーズなど、課題をニーズとして転換し、具体的な支援を検討することが重要である。また、利用者のニーズを捉える際には、以下の8点の観点について検討しながら、援助者は判断をす

る必要がある。

　①本人の能力向上の観点
　②他者とのコミュニケーションの質または量の観点
　③生活経験の拡大の観点
　④QOLの向上の観点
　⑤社会資源の活用または創出の観点
　⑥家族関係の調整の観点
　⑦就労支援や住居の確保の観点
　⑧余暇や生活の楽しみの観点

3. 目標の設定と具体的な支援内容の確定

　目標の設定については前述したとおりであるが、支援計画では、目標に沿ってどれだけ具体的な支援内容を示すことができるかが、目標達成の鍵となってくる。支援を行う主体として、主な担当者、支援のチーム、責任者が、いつ、どこで、どのような方法で支援を行い、その実践をどのように記録し、振り返りを行い、最終的な評価とするのか、支援計画を策定する際に明確にしておく必要がある。

　また、①利用者のニーズに合わせ他施設や他機関を活用する場合、②フォーマルなサービスやインフォーマルなサービスを利用する場合、③家族や地域との連携を行う場合──など、支援を確実に実現するための具体的な連携や情報の共有、利用者の承諾などをしっかり行っておく必要がある。

　支援内容を利用者に示す際に気をつけなければいけないことは、支援を行ったときに生じるかもしれないリスクやマイナスの側面について検討しておくことである。利用者に対しても、支援の実施に際して理解してもらう必要があるため、支援計画の中で明らかにしておくことが重要である。

　目標に沿って支援方法を明確にする中で、その支援の内容が多岐にわ

たる場合も生じてくる。その際は必要に応じて、提供する具体的な支援内容を別の書式で策定し、支援マニュアルなどと併せて整理する場合もある。

4. 支援計画における検討および合議

　支援計画については、援助者と利用者とで作成していくことになるが、その決定においては、支援を行う者たちで計画策定の会議を通して検討および合意形成をしておく必要がある。そうすることにより、援助者の思い込みによる策定を防ぎ、他の職員や他職種の意見も反映したさまざまな角度から計画の妥当性について検討を行うことができる。

　また、このような支援計画の合議の場に利用者が参加することも、本人中心の計画を策定するうえでたいへん重要である。また、支援計画の評価方法や期間、実施の方法や記録の方法などについても合意しておくことにより、支援計画を基に支援を実施していく際に、支援者間での共通理解が図りやすくなる。

5. 利用者との合意・契約

　支援計画では、必ず利用者との合意または契約を行っておく必要がある。利用者は、支援計画の内容として示された、ニーズに対する目標、具体的な支援内容や期間、担当者や責任者、支援の頻度や回数、また料金などについて、合意または契約をすることになる。ここでは、利用者がきちんと理解して合意または契約することが重要であり、援助者はそのための工夫を行う必要がある。

第3節　支援計画の実際

　支援計画の内容は、定型化された用紙に文書化されている必要がある。各施設や機関において最も適切だと考えられる支援計画の書式を作成することが求められ、その内容は、支援の対象によって異なってくる。支援計画が文書として分かりやすく示されることによって、どの支援がどのようなニーズに対応し実施されるものなのか、いつでも利用者やその家族が把握することができるのである。また、支援計画は契約の文書でもあるため、ここで示された内容について、支援を行う者は必ず実行していく必要が生じる。

　以下においては、実際に児童養護施設で使用されていることも多い児童自立支援計画研究会による計画について説明をしていきたい（**図表1**）。

(1) 支援計画で示される内容

　まず、支援の対象を明確にするため、利用児童の「名前」や「生年月日」など最低限の基本情報を記すことが求められる。次に、生活上の最も重要なニーズを「主たる問題」として明確にし、「本人の意向」や「保護者の意向」、「市町村・保育所・学校・職場などの意見」を記す。児童養護施設の児童自立支援計画の場合、施設と児童相談所とが協力して策定することになるため、「児童相談所との協議内容」が重要になってくる。

　支援計画ではこれまで述べてきたように、短・中・長期目標を設定し、具体的な支援の内容を示していくことが求められる。そのため、支援上のリスクやマイナスの側面を示す「支援上の課題」の項目や目標に合わせた具体的な「支援内容・方法」の項目、モニタリングやエバリュエーションに関係する「評価の内容・時期」の項目などを明確にしておく必

図表1　支援計画書の例

自立支援計画票						
施設名			作成者名			
フリガナ 子ども氏名		性別	男 女	生年月日		年　月　日 （　　　歳）
保護者氏名		続柄		作成年月日		年　月　日
主たる問題						
本人の意向						
保護者の意向						
市町村・保育所・学校・職場などの意見						
児童相談所との協議内容						
【支援方針】						
第○回支援計画の策定及び評価				次期検討時期：		年　　月
子ども本人						
【長期目標】						

	支援上の課題	支援目標	支援内容・方法	評価（内容・期日）
【短期目標】 （優先的・重点的課題）				年　月　日
				年　月　日
				年　月　日
				年　月　日

要がある。

(2) 策定および見直しの期間

　支援計画においては、策定した日時や次の検討時期、また支援の効果を測定するためのモニタリングの時期や最終的な評価を行うエバリュエーションの時期を、支援内容に合わせ検討することになる。モニタリ

家庭（養育者・家族）			
【長期目標】			

	支援上の課題	支援目標	支援内容・方法	評価（内容・期日）
【短期目標】（優先的・重点的課題）				年　月　日
				年　月　日
				年　月　日

地域（保育所・学校等）			
【長期目標】			

	支援上の課題	支援目標	支援内容・方法	評価（内容・期日）
【短期目標】				年　月　日
				年　月　日

総合			
【長期目標】			

	支援上の課題	支援目標	支援内容・方法	評価（内容・期日）
【短期目標】				年　月　日
				年　月　日

【特記事項】

出典：［児童自立支援計画研究会、2005］を基に作成

ングの結果により支援計画の見直しを適宜行われなければならないが、支援を行う施設や機関における実際の支援計画の評価は1年単位ということになることが多い。アセスメントや支援計画は、策定するための時間も十分に必要とされるが、支援者間の合意として会議を通して決定がなされるため、あらかじめ支援計画策定スケジュールについては整理し、実施していくことが求められる。

(3) 合意・契約

　支援計画には、計画の作成者および責任者、内容が決定された会議の日時などと合わせて、利用者が合意したことを示す欄を設ける必要がある。家族や後見人などが、利用者に代わって合意する場合もある。

　合意した支援計画については、施設と利用者で管理をすることになる。

【参考文献】

　　岩間伸之『援助を深める事例研究の方法——対人援助のためのケースカンファレンス〔第2版〕』ミネルヴァ書房、2005年

　　黒木保博・白澤政和・牧里毎治編著『社会福祉援助技術演習』（新・社会福祉士養成テキストブック4）ミネルヴァ書房、2007年

　　児童自立支援計画研究会編『児童自立支援計画ガイドライン』日本児童福祉協会、2005年

　　社会福祉士養成講座編集委員会編『子ども・家族への支援計画を立てるために——相談援助の基盤と専門職』（新・社会福祉士養成講座6）中央法規出版、2009年

第 **9** 章

相談援助の記録と評価

森合　真一
武田　英樹

第1節　記録の意義

1．記録に対する意識

　相談援助において記録が重要であるということに異議を唱える者はいないであろう。しかし、そもそも何のために記録が必要なのかを意識しているであろうか。自分が残した記録が現場でどのように役立てられるかについて想像し、実感を覚えることがどの程度できているであろうか。

　記録にはどんな価値があるのかを意識せずにスキルの向上を目指すのであれば、現場で生かされない記録となってしまいかねない。記録にかける時間をもったいないと感じながらも、「記録は業務上、書かなければならないもの」という漠然とした意識の中で作業的に繰り返されるのであれば、記録を作成する疲労感は増幅されかねない。

　記録は日記ではない。自分以外にも読み手がいるということを前提に記載する必要がある。

2．法的な記録の位置づけ

　記録は、法律に義務づけられているといった形式上のものではない。しかし、日本国憲法第25条において「すべて国民は、健康で文化的な最低限度の生活を営む権利を有する」と生存権が規定されている。これは、第13条の幸福追求権や第14条の無差別平等原則、第26条の教育権等といった国の最高法規、さらには児童憲章などに通じるものである。それゆえ、記録は「広義には憲法に基づいた生活を利用者が営めているか、その実現のために適切なサービスが提供されているかを映す役割がある」［武田、2009］。

　児童福祉施設最低基準第14条において、「児童福祉施設には、職員、

財産、収支及び入所している者の処遇の状況を明らかにする帳簿を整備しておかなければならない」とある。さらに保育所保育指針（2008年3月28日告示）においても「保育士等は、子どもの実態や子どもを取り巻く状況の変化などに即して保育の過程を記録するとともに、これらを踏まえ、指導計画に基づく保育の内容の見直しを行い、改善を図ること」（「第4章　保育の計画及び評価」(2) 1) とある。

また、個人情報の保護に関する法律では「本人から、当該本人が識別される保有個人データの開示（当該本人が識別される保有個人データが存在しないときにその旨を知らせることを含む。以下同じ。）を求められたときは、本人に対し、政令で定める方法により、遅延なく、当該保有個人データを開示しなければならない」（第25条）と規定されている。この規定や社会福祉基礎構造改革以降の契約に基づくサービス提供の実態からも、記録は誰のものかといった場合、「利用者（保護者を含む）のもの」と捉えて、記載していくことが必要である。

3．何のために記録を書くのか

記録の意義として、次の5点を挙げることができる。

①記録は情報力を持っている

情報を受信するのは組織や機関内のスタッフだけではない。関係組織・機関や関係職種、そして利用者やその保護者を視野に入れなければならない。記録者側にとって都合の悪い情報を改ざん・隠蔽するといったことは、記録自体の正確性が問われるのみならず、組織として、また個人としての倫理観が問われることになる。さらに黒澤貞夫が述べているように「記録は生活支援における人間関係のありようを示すもの」であり、「利用者に対する尊敬の念がこめられたもの」である必要がある［黒澤、2003］。

②記録は利用者の生活史を表す

援助そのものを表すということは、援助者の援助を一方的に羅列する

ことではない。例えば、入所施設などにおける生活過程に係る記録は、利用者のニーズを加味したもので、こま切れではなく時間軸を意識した記録である必要がある。私たちの関わりは「点」にすぎなくても、利用者の生活は「線」として過去・現在・未来へとつながっているのである。

③記録は援助実践の事実を表す

保育士等として相談援助に関わるということは、業務独占でないにしても、その行為を明確にすることは専門職としての責務と言える。公的サービスに基づく行為であれば、そのサービス利用費は利用者の自己負担に加え、公的資金が投入されている。よって公的資金がどのように使われているのか、そしてどのような効果が見られるのかを明らかにしていく必要がある。

④記録はコミュニケーションツールとなる

ケーグル（Jill Doner Kagle）は、記録について「グループの決定と活動を補強し、専門職が個々人の労力を調整するのを助け、新しい情報をチームの全てのメンバーに有益なものにする資源をチームメンバーに提供する」と述べている［ケーグル、2006］。記録は口頭での伝達とは異なり、聞き漏らしたり、伝達の仲介によって内容が異なることがなく、何度も読み返すことも可能である。また、具体的な表現によって、その場を体験しなくても実態把握することが可能となる。よって、スタッフ間での連携だけでなく、保護者に対して日々の子どもたちの生活状況を伝えるコミュニケーションツールとしても有益である。

⑤援助実践の評価やスキルアップのためになる

相談援助内容が適切であるがどうかを評価するうえで、記録は有益な判断材料となる。なぜなら、記録は評価する者と評価される者の間で合意を得ることが可能な公的資料となるからである。

また、記録から援助者の相談援助内容が適切か不適切かを判断していくことは、リスクマネジメントにも有益であり、個々のスキルアップにもつながる。

第2節　記録方法

1. 記録の様式

(1) 問題を個別的に理解する

　一般に記録の様式は、援助者が所属する援助機関や施設の機能に応じて作成されている。問題を個別的に理解するための記録は、次のような内容が中心である。
　①家族歴
　家族全体を把握する方法で、家族構成、親族、人間関係、経済状況、健康・病気、職業などの現状と経過を、直面している問題や課題と関わらせ、情報の収集および分析を行う。
　②生活歴
　利用者が直面している問題や課題と関わらせ、利用者の経済状況、学校生活、職業生活、人間関係、近隣関係、住居などの現状と変遷に関する情報の収集および分析を行う。
　③問題の発生と経過
　相談者が直面している生活上の問題および課題についての発生と、これまでの経過について記述する。
　④社会診断・評価
　問題の発生と経過、家族歴、生活歴などに関する情報や資料を総合的に判断し記述する。

(2) 援助者による記録

　①フェイスシート
　利用者に関する基本的な属性（氏名、年齢、性別、住所、電話番号、職

図表1　フェイスシートの例

相談受付票								
受付	平成　年　月　日			新・再・継		通告・相談者		
ケース番号	―			―		受付者		
児童氏名	男・女				保護者	氏名		
生年月日	H　年　月　日					続柄		
学校名	中・小学校　　年					連絡先		
本籍						本籍		
現住所						現住所		
通告経路	ア 都道府県市町村福祉事務所	イ 児童委員	ウ その他	エ 児童福祉施設	オ 警察等	カ 家庭裁判所	キ 医療機関	ク 学校	ケ その他
						相談事由（文書・来所・電話）		

出典：児童相談所で使用されているフェイスシートの一部を抜粋

業、主訴など）を中心に記録するもの（**図表1**）。

　②経過記録

　利用者や家族、他機関との関わりを時間的順序に沿って記述する。

　③終結記録

　援助過程の要約と援助結果の評価、今後の課題などを記述する。

　④報告書

　報告書は、機関の内外との相互コミュニケーションのための記録であり、関係機関への紹介状や経過報告などが含まれる。

　⑤通信文、その他

　措置に関する書類や健康診断書、利用者や家族への手紙と他機関や関係者への手紙なども含まれる。

(3) その他の記録

　以上、記録様式によるものは主として援助者が作成するものであるが、このほかに利用者や他職種が関わるものとしては次のようなものがあり、一定の様式を備えている（これらの記録と援助者の作成する記録は、今後相互に影響し合うことが多くなるものと考えられる）。

　①メンバーが活動の内容や感想・意見を書く記録
　②利用者が提出する関連領域における記録（診断書、各種証明書など）
　③援助者と利用者が協働して作る記録
　④問題志向記録（メンバーが課題解決に向かって共通記録を書く）

2. 記録の記述方法

　①叙述体

　叙述体は、時間的経過を追って書くスタイルで、援助者と利用者のやり取りを詳しく書き留めたものを「過程叙述体」、全体を圧縮したものを「圧縮叙述体」という。日付順に記録する経過記録は、たいてい圧縮叙述体である。

　②要約体

　要約体は、援助者の思考を通して再整理した記録で、主眼点が明確になる。必要な項目を取り出して項目別に要約するスタイルがよく用いられ、アセスメントの要約や援助の要約は、このスタイルが多い。

　③説明体

　説明体は、事実に対する援助者の解釈や考え方の記録である。援助者は「事実」と「事実についての解釈」とを区別して記録しなければならない。主に、アセスメントや介入に関する経過記録に用いられる。

　これらのスタイルは別々に用いられているわけではなく、組み合わせて一つの記録が書かれるのが一般的である。

3. 記録を書く訓練について

「書く」ことによって記録する際には、文字や図表などを用いるが、記録を作成する準備として、日頃からさまざまな機会に「書く」実践をしておくことが役立つものである。例えば、日誌をつける、レポートを書く、ノートをとるなど、私たちの周りに「書く」機会はいくらでもある。読みやすく、誤字・脱字のない文章を書くことが大切である。また、文章力の向上を常に心がけ、知識や語彙を増加させるためには地道に「読書」することも重要である。読書は、援助者が面接において必要とする的確な言語表現能力の向上にもつながる。

わが国の福祉現場の現状および今後の記録に関する課題は、援助者一人ひとりが記録の意義を正しく理解すると同時に、同僚・上司・管理者を含む職場全体が、「記録が業務の一部であり、記録の時間が業務時間である」との理解を広めることである。

4. 記録を書くうえで大切なポイント

「記録を書くことはめんどうなもの」と考えがちであるが、それだけに、記録は活用しなければ宝の持ち腐れである。記録の重要さを援助者が感じているかどうかが、記録を書くエネルギーとなるであろう。

①よい記録

まず、きれいな字で書かれており、誤字がないこと。また、読みやすく見やすいことである。そのためには、見出しを付けたり、段落を分けたりすることが大切である。

②心がけること

正確な記録を書くためには、時間をおかず援助活動の直後に書くこと、主観的なものと客観的なものを区別して書くことを心がけたい。

③記録と倫理

記録には利用者のプライバシーが書かれているので、秘密保持に注意

が必要である。特に、事例研究などを発表をする場合は、利用者の許可を得たり書き換えたりするなど、利用者への配慮をすべきである。

第3節　評価方法

1. 評価の視点

　社会福祉援助活動の開始期・中期・終結期において、社会福祉援助活動の合理性や効率性、援助目標の達成度などの「評価」をすることが援助過程の中に位置づけられている。「評価」をするに当たっては、利用者の立場あるいは評価を受ける立場に立ち、審判的（批判的）にならず、問題解決の方向で相手の感情を尊重して行われるべきもので、評価の形をとった批判にならないように注意する必要がある。また、社会福祉援助活動の問題把握の視点、エコシステム的視点（人と状況との全体的関連性）に立ち、利用者の生活をサービスにより分断することなく、利用者の生活全体を総合的に把握することが大切である。

　さらに、評価は、利用者に関する正確で客観的な資料に基づくものでなければならない。そのため、分かりやすく正確な記録を準備する必要がある。当然、評価そのものも記録され、次の実践段階の評価の一資料となる。

2. 評価者

　一般に、援助者が評価をする人であるが、課題中心のケースワークのように、援助者と利用者の共同作業が原則のものもあれば、ケアマネジメントのように、援助者が、評価中心（アセスメント）に動く人と、ケアプラン作成や直接的に利用者に必要なさまざまな介入をする人に分か

れている場合もある。また、集団援助技術（グループワーク）においては、利用者と援助者の共同作業の部分があり、特にその共同的な活動を促進していく実践も見られる。

　社会福祉援助活動が、利用者との共同作業の方向に進んでいることや、関連職種とのチームワークによる作業が増えてきていることから、社会福祉士などのソーシャルワーカーが書く評価が、総合評価としてまとめられるようになってきている。それだけにいっそう、社会福祉専門職が評価の作業を意識して、共同作業に参加していくことが大切である。そして、評価者には、援助者としての基本的視点とともに、個別的・社会的存在としての人間に関する諸科学の知見に基づく幅広い視野が期待される。

　社会福祉法第78条には、「社会福祉事業の経営者は、自らその提供する福祉サービスの質の評価を行うこと、その他の措置を講ずることにより、常に福祉サービスを受ける者の立場に立って良質かつ適切な福祉サービスを提供するよう努めなければならない」とあり、社会福祉事業の経営者自身による福祉サービスのが行う自己評価が規定されている。さらに、福祉医療機構の「福祉サービスにおける第三者評価事業に関する報告書」（最終報告書、2001年。評価の対象として、福祉サービスの基本方針と組織、地域等との関係、対等なサービス利用関係の構築など7項目を挙げている）によれば、第三者評価の評価者は第三者評価機関（評価決定委員会、評価調査者などで構成される）である。評価決定委員会は「社会福祉事業経営者、従事者」「福祉、医療、法律、経営等の学識経験者」「福祉サービスの利用者、一般市民」から成る10人ほどの合議体であり、第三者評価機関として最終的な評価決定を行う。評価調査者は「運営管理委員（施設長等の組織運営管理業務を5年以上経験している者）」および「専門委員（福祉・医療・保健分野の有資格者又は学識経験者で、当該業務を5年以上経験している者）」であり、各1人以上の計2人以上のチームで訪問調査などを行うとされている。

3. 評価の基準・枠組み

　事実の捉え直しをする際には一定の基準が必要であるが、その例としては、社会診断の枠組み（心理社会的枠組み）や課題達成評価に用いる尺度表、評価チェックリスト、福祉サービスの第三者評価事業などがある。

　評価には、一人ひとりの利用者や施設の個別的状況および評価者側の現実が反映されるものである。その結果が、サービスを提供する側の課題を明らかにし、福祉サービスを利用する人にとってより良いサービスの提供、情報の公開につながる方向に活用されるところに「評価」の特徴がある。

4. 評価の時期と回数

　個別の利用者の問題の特性と、採用される評価方法よっても異なるが、大まかに見て、次の３つの時期が考えられる。
　①初期の評価（事前評価）
　介入を始める前の評価で、これを「アセスメント」という。
　②中期あるいは介入が展開していく中での評価（モニタリング）
　③終結の評価（事後評価、エバリュエーション）
　介入後の結果と過程についての評価、効果測定。
　社会福祉法における施設の自己評価や第三者評価の回数については、今後の課題である。
　社会福祉援助活動における「評価」は、いかなる方法論に基づくものであっても１回限りのものではなく、新しい事実の出現などにより必要なら何回も修正され、問題解決が速やかに有効に行われるような柔軟性と循環性が大切であり、このことはすでにリッチモンドによって指摘されている。
　この精神は、社会福祉法におけるサービス評価においても同様である。

すなわち、社会福祉基礎構造改革から社会福祉法成立に至る過程において、公私の先駆的評価基準作成の関係者は、現在までに作成されたサービス評価基準の内容について、時代や社会情勢や個々の社会福祉領域の事情あるいは関係者のさまざまな意見により影響や限界が存在すること、逐次見直しが必要であることを指摘している。

【引用・参考文献】

黒澤貞夫編著『ケアサービスの記録法』一橋出版、2003年

J・D・ケーグル（久保紘章・佐藤豊道監訳）『ソーシャルワーク記録』相川書房、2006年

武田英樹「ソーシャルワーク実践における支援記録のあり方——経過記録の専門的価値に着目して」『社会福祉士』第16号、社団法人日本社会福祉士会、2009年

第10章

関連機関との協働

松井　圭三
今井　慶宗

第1節　社会福祉関連機関

1．厚生労働省

　2001年、行政組織のスリム化等を目的とする中央省庁再編により、従来の厚生省と労働省が統合され、厚生労働省となった。本省である厚生労働省は、社会福祉等に関する法案を作り、予算を計上し執行する組織である。社会福祉に関係する内部部局は**図表1**のとおりである。

2．審議会

　中央省庁再編に伴い、従前の多くの審議会が統合された。審議会は、厚生労働大臣からの諮問について審議し、答申する。国民の視点に立って幅広い見地から厚生労働行政の政策立案をリードする役割が期待されている。

　社会保障・社会福祉については、社会保障審議会がある。同審議会には部会として、年金部会、介護保険部会、児童部会、障害者部会等が置かれている。同審議会の委員には、最近では当事者・利用者を登用するケースも増えているが、一般的には、財界・労働界・職能団体を出身母

図表1　厚生労働省の社会福祉関連部局

雇用均等・児童家庭局
総務課　雇用均等政策課　職業家庭両立課　短時間・在宅労働課　家庭福祉課　育成環境課　保育課　母子保健課
社会・援護局
総務課　保護課　地域福祉課　福祉基盤課　援護企画課　援護課　業務課　障害保健福祉部　企画課　障害福祉課　精神・障害保健課
老健局
総務課　介護保険計画課　高齢者支援課　振興課　老人保健課

（筆者作成）

体とする者や学識経験者等が任命されている。

3. 地方自治体

　2000年の地方分権一括法により、国と地方自治体は対等な関係になった。社会福祉関係事務も、法定受託事務と自治事務の2つに再編された。

　このうち法定受託事務は、法令により都道府県・市町村等が処理する事務のうち、国・都道府県が本来果たすべきものであって、国・都道府県においてその適正な処理を特に確保する必要があるものとして法令で特に定めるものである。社会福祉関係の法的受託事務には、生活保護、児童扶養手当、障害児福祉手当、特別障害者手当等の実施がある。

　法定受託事務以外は自治事務であり、地方自治体の自主性が重んじられる事務である。自治事務は、例えば社会福祉法人の認可と業務監督、民生委員の定数決定と推薦などがある。

(1) 地方自治体の行政組織

　地方自治体として、都道府県、政令指定都市、中核市、一般市町村等があり、それぞれの社会福祉関係の部署で、福祉政策の立案、予算編成、福祉施設等への指導・監督等の業務を行っている。なお、特例市には原則として、都道府県から社会福祉関係で移譲される業務はない。

　これらの業務を行うために、担当部局が設けられている。例えば都道府県には、福祉保健部（局）、民生部（局）等が置かれ、その下に社会課、児童課、障害福祉課等がある。市町村にも生活課、児童課、保護課、障害福祉課等がある。また都道府県、政令指定都市、中核市には、社会福祉審議会などの審議会も置かれている。

(2) 社会福祉の実施機関、施設等
①児童相談所
　児童福祉法で規定されている児童に関する専門機関である。都道府県、

政令指定都市は必置である。児童全般、家庭全般の相談に応じている。児童およびその家庭について必要な調査・診断を行い、医学的・心理学的・教育学的・社会学的および精神保健上の判定を行っている。また、児童およびその保護者について必要な指導も行っている。なお、児童相談所には児童の一時保護も行う。児童福祉司等が配置されている。

②福祉事務所

社会福祉行政の第一線機関であり、社会福祉サービスの窓口となっている。都道府県、市は必置であるが、町村は任意設置である。生活保護法、児童福祉法、母子及び寡婦福祉法、知的障害者福祉法、老人福祉法、知的障害者福祉法等に関して、援護、育成、更生の事務を行っている。ただし、都道府県の福祉事務所では、老人福祉法、知的障害者福祉法の事務は行っていない。福祉事務所には、社会福祉主事等の職員が配置されている。

③家庭児童相談室

市町村に設置され、子どもや家族、地域住民の生活問題の相談業務を行っている。また、福祉事務所、児童相談所、保健所等の関係機関との連絡・調整もしており、地域住民の身近な相談機関である。

④民生委員・児童委員

民生委員は民生委員法により、社会奉仕の精神をもって、常に住民の立場に立って相談に応じ、および必要な援助を行い、もって社会福祉の増進に努めることを任務としている。児童委員も兼ねている。児童、家族、妊産婦等の生活環境を把握したうえで、保護・保健その他の福祉に関し、サービスを適切に利用するために必要な情報の提供や援助、支援等を行う。

⑤婦人相談所

売春防止法に規定されている専門機関であり、都道府県は必置、政令都市は任意設置である。2001年に「配偶者からの暴力の防止及び被害者の保護に関する法律」が制定された後に「配偶者暴力相談支援セン

ター」が同相談所に設置されている。DV被害者への支援・相談を行っており、また、警察・裁判所との連絡・調整等も行っている。

⑥児童家庭支援センター

　児童福祉法で規定されている施設であり、地域の児童の福祉に関する各般の問題につき、児童、母子家庭その他からの相談に応じ、必要な助言・指導を行うとともに、市町村の求めに応じ、技術的助言その他必要な援助を行うほか、児童相談所・児童福祉施設等との連絡・調整も行っている。

　これら機関のほか、保健所、身体障害者更生相談所、知的障害者更生相談所、発達障害者支援センター、母子保健センターなどもある。

4. 児童福祉施設・在宅サービスなど

①児童福祉施設

　児童福祉法では、次の種類の児童福祉施設が規定されており、子どものニーズに応じて各般のサービスを提供している。助産施設、乳児院、母子生活支援施設、保育所、児童厚生施設、児童養護施設、知的障害児施設、知的障害児通園施設、盲ろうあ児施設、肢体不自由児施設、重症心身障害児施設、情緒障害児短期治療施設、児童自立支援施設、児童家庭支援センターである。

　なお、2012年4月から障害児施設・事業は再編される。知的障害児施設、知的障害児通園施設、盲ろうあ児施設、肢体不自由児施設、重症心身障害児施設などは、入所による支援を行う施設は障害児入所支援になり、通所による支援を行う施設は障害児通所支援のうち児童発達支援・医療型児童発達支援にそれぞれ一元化される。障害児入所支援は福祉型・医療型から成る。障害児通所支援は、児童発達支援、医療型児童発達支援、放課後等デイサービスおよび保育所等訪問支援から成る。

②子育て支援事業

　子育て支援事業としては、放課後児童健全育成事業、子育て短期支援

図表2　児童福祉施設一覧

施設の種別	施設の機能について
助産施設	保健上必要があるにもかかわらず、経済的理由により、入院助産を受けられない妊産婦を入所させて助産を受けさせる施設
乳児院	乳児（保健上、安定した生活環境の確保その他の理由により特に必要のある場合には幼児を含む）を入院させて養育し、退院した者について相談その他の援助を行うことを目的とする施設
母子生活支援施設	配偶者のない女子又はこれに準ずる事情にある女子及びその者の監護すべき児童を入所させて、自立の促進のために生活を支援し、退所した者については相談その他の援助を行うことを目的とする施設
保育所	日々保護者の委託を受けて、保育に欠けるその乳児又は幼児を保育することを目的とする施設
児童厚生施設	児童遊園、児童館等児童に健全な遊び場を与えて、その健康を増進し、又は情操をゆたかにすることを目的とする施設
児童養護施設	保護者のない児童（乳児を除く。ただし、安定した生活環境の確保その他の理由により特に必要のある場合には乳児を含む）、虐待されている児童その他環境上養護を要する児童を入所させて、これを養護し、退所した者に対する相談その他の自立のための援助を行うことを目的とする施設
知的障害児施設	知的障害のある児童を入所させて、保護するとともに、独立自活に必要な知識技能を与えることを目的とする施設
知的障害児通園施設	知的障害のある児童を日々保護者の下から通わせて、保護するとともに、独立自活に必要な知識技能を与えることを目的とする施設
盲ろうあ児施設	盲児（強度の弱視児を含む）又はろうあ児（強度の難聴児を含む）を入所させて、これを保護するとともに、独立自活に必要な指導又は援助をすることを目的とする施設
肢体不自由児施設	上肢、下肢、又は体幹の機能の障害（以下「肢体不自由」という）のある児童を治療するとともに、独立自活に必要な知識技能を与えることを目的とする施設
重症心身障害児施設	重度の知的障害及び重度の肢体不自由が重複している児童を入所させて、保護するとともに、治療及び日常生活の指導をすることを目的とする施設
情緒障害児短期治療施設	軽度の情緒障害を有する児童を、短期間、入所させ、又は保護者の下から通わせて、その情緒障害を治し、退所した者について相談その他の援助を行うことを目的とする施設
児童自立支援施設	不良行為をなし、又はなすおそれのある児童及び家庭環境その他の環境上の理由により生活指導等を要する児童を入所させ、又は保護者の下から通わせて、個々の児童の状況に応じて必要な指導を行い、その自立を支援し、退所した者について相談その他の援助を行うことを目的とする施設
児童家庭支援センター	地域の児童に関する家庭その他からの相談のうち、専門的な知識及び技術を必要とするものに応じ、必要な助言を行うとともに、市町村の求めに応じ技術的助言その他必要な援助を行うほか、児童相談所、児童福祉施設等との連絡調整その他厚生省令の定める援助を総合的に行うことを目的とする施設

出典：[松井、2009] p.140を基に作成

図表3　子育て支援関連の事業

事業名	事業の内容
児童自立生活援助事業	義務教育を終了した児童や児童以外の満20歳に満たない者に日常生活上の援助・生活指導・就業の支援などを行う
放課後児童健全育成事業	概ね10歳未満の小学生の健全育成を図る
子育て短期支援事業	保護者の疾病などで一時的に家庭での養育が困難になった児童を施設で保護する
乳児家庭全戸訪問事業	全ての乳児がいる家庭を訪問して養育についての相談に応じるなどを行う
養育支援訪問事業	特に支援が必要な家庭や妊婦に指導や支援などを行う
地域子育て支援拠点事業	乳幼児の保護者の交流場所の開設など
一次預かり事業	昼間、家庭での保育が一時的に困難となった乳幼児を保育所などで保護する
小規模住居型児童養育事業	要保護児童の養育を経験者などの住居で養育する

出典：［松井、2009］p.141を基に作成

事業、乳児家庭全戸訪問事業、養育支援訪問事業、地域子育て支援拠点事業、一時預かり事業、小規模住宅型児童養育事業がある（施設、在宅サービスの具体的な機能については**図表2・3**を参照）

③里親制度

　保護者等がなんらかの理由で子どもを養育できない場合や虐待によって保護者等の養育が困難な場合に、子どもを一般家庭に預ける制度である。養育費と里親手当を受給して、児童相談所から委託された要保護児童を養育する養育里親、専門里親などがある。専門里親は、虐待を受けた子どもに対応することから、一定の専門的な研修を受けた者しかなることができない。

④自立援助ホーム

　これは、**図表3**の児童自立生活援助事業の一つで、児童養護施設を退所した子どもや義務教育を終了した後、就職したがなんらかの理由で社会的な自立が困難な子どもに対して、生活相談や生活指導等、本人の社会的自立を目的に、1988年からスタートした。1997年には児童福祉法が

改正され、第2種社会福祉事業として位置づけられている。

5. 学校教育施設

　要保護児童の生活問題の改善のため、保育所・幼稚園・小学校との連携、また児童相談所との連携等が地域で展開されている。子どもの生活問題の多様性とニーズに応じたサービスを提供するため、教育との連携・協働はますます進むものと考えられる。

　なお、特別支援学校は、視覚障害者、聴覚障害者、知的障害者、肢体不自由者又は病弱者（身体障害者）に対して、幼稚園、小学校、中学校、又は高等学校に準ずる教育を施すととともに、障害による学習又は生活上の困難を克服し自立を図るために必要な知識技能を授けることを目的としている。

第2節　連携・協働体制の確立

1. 児童虐待への対応

　これまで、児童虐待への対応は児童相談所が中心に行ってきた。しかし、母親の孤立や家庭崩壊等により、児童虐待は近年増加している。特に「男性は仕事、女性は家庭」という男女役割分業の考えが根強い社会で、また地域の人間関係が希薄である事実において子育ての力は弱いと言わざるを得ない。ゆえに、児童虐待は確実に増えており、その背景や虐待の要因もさまざまである。

　2004年に「児童虐待の防止等に関する法律」が改正され、児童相談の対応を児童相談所と市町村の2つの機関で対応することになった。要保護児童の困難事例は児童相談所で対応し、軽微な相談業務は市町村が行

図表4　児童虐待等に対する相談援助活動体制

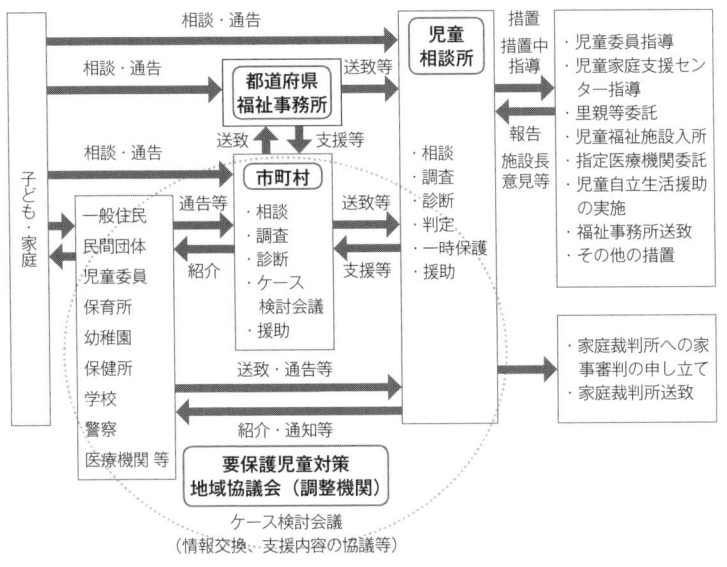

```
                    相談・通告
        ┌──────────────────────→┌─────────┐        ・児童委員指導
        │       相談・通告        │都道府県 │ 措置   ・児童家庭支援セン
        ├──────────────────────→│福祉事務所│措置中   ター指導
        │                        └─────────┘指導    ・里親等委託
子      │       相談・通告    送致↑↓支援等  報告   ・児童福祉施設入所
ど      ├───────────────┐  ┌─────┐  ┌─────┐施設長 ・指定医療機関委託
も      │               ↓  │市町│  │児童 │意見等 ・児童自立生活援助
・      │  ┌─────┐通告等│村 │  │相談所│       の実施
家      │  │一般住民│──→│・相談│  │・相談│       ・福祉事務所送致
庭      │  │民間団体│紹介│・調査│  │・調査│       ・その他の措置
        ├→│児童委員│    │・診断│送致│・診断│
        │  │保育所  │    │・ケース等│・判定│
        │  │幼稚園  │    │検討会議│・一時保護│
        │  │保健所  │    │・援助│支援等│・援助│
        │  │学校    │    └─────┘  └─────┘
        │  │警察    │    送致・通告等        ・家庭裁判所への家
        │  │医療機関等│←──────────────→       事審判の申し立て
        │  └─────┘    紹介・通知等          ・家庭裁判所送致
        │                 ┌─────────────┐
        │                 │要保護児童対策   │
        │                 │地域協議会（調整機関）│
        │                 └─────────────┘
                        ケース検討会議
                   （情報交換・支援内容の協議等）
```

（注）点線内は要保護児童対策地域協議会構成メンバー。

出典：［社会福祉の動向編集委員会、2010］p.126を基に作成

う。また、児童虐待に対応する地域組織として、「要保護児童対策地域協議会」を設置し、一般住民、児童委員、幼稚園、保育所、学校、警察、医療機関等のメンバーが委員として入り、児童相談所、市町村と情報交換や支援内容の協議を行っている。これを「ケース検討会議」という（**図表4**）。

　児童虐待に対する地域の連携・協働の事例を次に掲げよう。

　A（5歳）は会社員の養父と専業主婦の実母の3人で生活している。保育所・幼稚園には通っていない。Aの手足には殴打されたような傷跡があり、夜間一人で自宅前にいるところを近隣住民が再三目撃している。養父がAを強く叱責する声も漏れ伝わってくる。近隣住民からの通報で児童相談所が調査に乗り出した。養父は、虐待ではなくしつけの一環であるとして取り合わない。実母は何も言えないようである。明確に虐待であると結論づけることはできないが、適切でない養育が行われている

可能性が強い。児童相談所でも養父・実母を指導することを試みているが、Aに重大な結果が生じないように日常的な関わりが必要である。

　このケースでは、Aやその家族に対して地域ネットワークによる連携した支援活動が必要と言える。児童相談所は、要保護児童対策地域協議会に連絡した。地域協議会は児童相談所・市町村・警察・児童委員なども参加する。地域協議会の活動が必要とされたときは、個別ケース検討会議の開催や参加機関を決定する。具体的な援助方針等を定めるための情報収集がなされる。それに基づいて、個別ケース検討会議で、Aやその家族を支援するための援助方針、具体的な方法および時期、各機関の役割分担、連携方法、次回会議の開催時期などが決められる。これら援助方針等に基づいて、関係機関等による支援が実施される。個別ケース担当会議では、ケースの主担当機関と主たる援助者が決定される。これは、従来、児童相談所が多かったが、現在では市町村がこの役割を担う場合が多い。他の機関もそれぞれの職務に基づいて、Aやその家族に対

図表5　障害児対応のフローチャート

```
                    ┌──────────┐
                    │   発見    │
                    │発達・発育の遅れ│
                    └────┬─────┘
            ┌────────────┼────────────┐
            ▼            ▼            ▼
      ┌─────────┐  ┌─────────┐  ┌─────────┐
      │ 一次機関 │◀▶│ 二次機関 │◀▶│ 三次機関 │
      │市町村の  │  │児童相談所の│  │専門医療機関│
      │乳幼児相談│  │心身障害相談│  │ 国立病院 │
      └────┬────┘  │          │  │大学病院 等│
           │       │ 医療機関  │  └─────────┘
   ┌───────┼──────┐│          │
   ▼       ▼      ││ 専門医    │
┌──────┐┌──────┐ ││(小児精神科、│
│障害児││特別支援学校│││ 外科、眼科、│
│保育  ││特別支援学級│││ 耳鼻科 等)│
│      ││通級による指導││          │
└──┬───┘└─────┬┘ ││専門訓練士  │
   │       │   ││(PT・OT・ST)│
   ▼       ▼   │└──────────┘
┌───────────────┐
│就学指導委員会（教育委員会内）│
│特別な教育的支援を必要とする幼児・│
│児童・生徒に対し、一人ひとりのニー│
│ズに応じた適切な就学を支援    │
└───────────────┘
```

出典：岐阜県旧郡上郡療育フローチャート
（www.gifu-cn.ac.jp/studysupport/research/reort/18-01.pdf）などを基に作成

する関わり、緊急に保護を要するときなどに対応する体制が作られることになる。

2. 知的障害や身体障害への対応

身体障害や知的障害は早期に発見し、治療・療育を実施することによって軽減できる場合も少なくない。また、障害を持つ子どもを育てることとなる父母に対する支援や学齢期における教育上の支援も必要である（図表5）。

図表6　発達障害に関する相談支援関係図

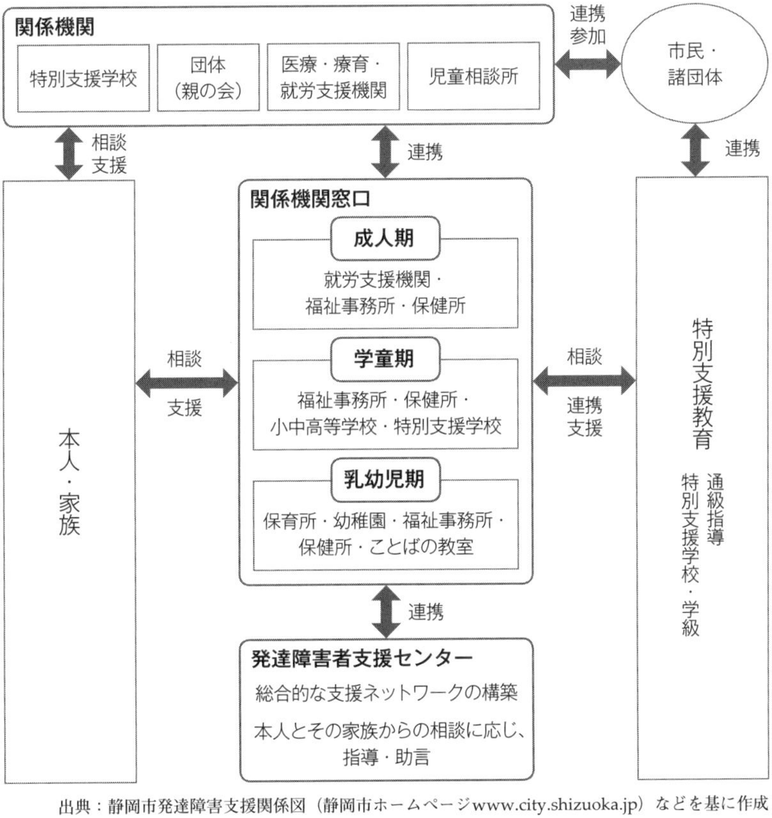

```
関係機関
┌──────────┬──────────┬──────────┬──────────┐
│ 特別支援学校 │ 団体    │ 医療・療育・│ 児童相談所 │
│          │ (親の会) │ 就労支援機関│          │
└──────────┴──────────┴──────────┴──────────┘
                                        連携参加 ⇔ 市民・諸団体
         ↑相談支援        ↑連携              ↑連携

                  関係機関窓口
                  ┌─────────┐
                  │  成人期   │
                  │就労支援機関・│
                  │福祉事務所・保健所│
                  └─────────┘
  本        相談    ┌─────────┐    相談    特
  人  ⇔   支援    │  学童期   │   連携   ⇔  別
  ・               │福祉事務所・保健所・│   支援     支  通級指導
  家               │小中高等学校・特別支援学校│         援  特別支援学校・学級
  族               └─────────┘              教
                  ┌─────────┐              育
                  │  乳幼児期  │
                  │保育所・幼稚園・福祉事務所・│
                  │保健所・ことばの教室│
                  └─────────┘
                        ↑連携
                  発達障害者支援センター
                  総合的な支援ネットワークの構築
                  本人とその家族からの相談に応じ、
                        指導・助言
```

出典：静岡市発達障害支援関係図（静岡市ホームページwww.city.shizuoka.jp）などを基に作成

障害児の相談窓口としては、児童相談所の障害相談がある。例えば、東京都では①身体障害相談として視聴覚障害相談・言語発達障害等相談・肢体不自由児相談、②知的障害相談として重症心身障害相談・知的障害相談・ことばの遅れ相談、③発達障害相談、にそれぞれ分類され相談活動が行われている。このほか、福祉事務所の家庭児童相談室や保健所でも障害児に関する相談を行っている。

　医療・福祉・教育の専門職の連携が、障害児の将来を大きく左右する。ここでは、近年注目されてきた、発達障害に関する相談支援関係図を掲げておく（**図表6**）。

【参考文献】
　　厚生労働省編『厚生労働白書〈平成23年度版〉』日経印刷、2011年
　　厚生労働統計協会編『国民の福祉の動向〈2011/2012〉』厚生労働統計協　　　会、2011年
　　社会福祉の動向編集委員会編『社会福祉の動向〈2010〉』中央法規出版、　　　2010年
　　松井圭三編著『よくわかる社会福祉概論〔改訂新版〕』大学教育出版、　　　2009年

第11章

児童虐待への対応の事例分析

安藤みゆき

第1節　虐待を受けた子どもへの援助の過程

　「児童虐待」と聞くと、テレビで報道されるような特別な出来事だと思う人もいるかもしれない。しかし、保育所や幼稚園の日常の中に、虐待と関係のある事例は珍しくない。また子どもや家族への保育士の関わりにより、虐待のリスクを減らすことができた事例も数多くある。

1．友達にケガをさせてしまう子

　雄太君（仮名）は、友達を突き飛ばしたり、首を絞めたりしてしまう。そのたびに先生は雄太君を厳しく叱り、泣いている子の所に駆け寄り、手当をしたり慰めたりする。雄太君はいつも、それをじっと見ていた。

(1)　クラスでの実態

　雄太君（6歳3カ月）は、Z保育園の年長男子。小柄な体格で、クラスで一番身長は低いが、衝動性が強く、攻撃的で、友達にケガをさせてしまうことが多かった。突然、隣にいた子どもの手に鉛筆を突き刺したり、はさみを振り回したり、ひっかいたりするので、周りの子どもたちはおびえ、登園拒否をする子どもまで出てきてしまった。担当のB保育士は、年長を受け持つのは初めてだったこともあり、いつも気持ちを張りつめて雄太君から目が離せない状態だった。

　雄太君が乱暴な行為をしたときには、B保育士が肩に手をやり、顔を見ながら注意しようとしても、雄太君は「ばーか」と言って、その手を振りほどいて走り去ってしまう。B保育士が追いかけてその体をつかむと、敵意に満ちた冷たい瞳でB保育士のことをにらみつけるのであった。

　B保育士は、雄太君にけがをさせられた子どもの保護者たちから「このまま、うちの子を休ませるわけにいかない。早く雄太君をどうにかし

てください」、「先生はあてにならないから、雄太君の家の連絡先を教えてください。直接抗議します」などと言われ、毎日憂鬱な気持ちで、「雄太君が休んでくれたら楽なのに」と心の中で思うようになっていた。

　雄太君は、新しい活動するときは決まって「嫌だ、やんない！」と言って拒否した。みんなで絵を描こうという活動のときも、嫌がって紙をビリビリと破くので、注意すると外に飛び出してしまうか、床に寝転がりながら、「キーッ」という大きな奇声を発するのであった。

(2) 雄太君の家族

　雄太君の家族は、父（27歳）、父方祖父（62歳）父方祖母（61歳）、妹（4歳3カ月）の5人家族であった。もともと父子家庭であったが、祖母が定年退職したのを契機に同居し、雄太君家族は他市から転居して、6カ月前にZ保育園に入園した。保育園の送り迎えは祖母の担当であり、祖母は熱心に雄太君と妹のめんどうをみている様子だった。

2. インテーク

　9月になって運動会の練習が始まると、雄太君はますます落ち着かなくなっていった。連絡帳や電話で祖母や父親に雄太君の保育園での状況を伝え、「ご家庭ではどのような様子ですか？」と尋ねると、困ったように「家ではおとなしいです」と答えるのみで、家族に連絡しても効果がないばかりか、ますます園で雄太君は荒れるようになった。

　そんなある日、祖母が思い余った様子で、保育園に相談に訪れた。相談の内容は次のようなものだった。

　父親が雄太に対して、「人にけがをさせるな！　お前も同じように痛い思いをすれば分かるだろう」と言って、殴る蹴るの体罰をして困っている。祖父も父親に「そんなに大きい声で子どもを泣かせたら、近所に虐待していると思われるぞ。それなら子どもを連れて、家を出ていけ！」とどなり、もう家の中はめちゃめちゃになってしまった。雄太は

夜中に突然起きて、「おばあちゃん、怖い人がにらんでいる」と言って泣き出したり、「怖い人がここにウヨウヨいる」と自分の胸を指しながら真っ青になって、家の中に駆け込んできたり、一人で部屋にいることもできず、トイレも怖くてついて行ってとせがむほどで、それを見て父親が、「もうすぐ小学生になるのに、そんなことでどうする」とまた雄太に体罰を加え、自分（祖母）はどうしていいか分からない。

　この祖母の訴えを聞いて、B保育士は雄太君のことは職員会議で話し合い、園全体として取り組まなくてはならないと考えた。また場合によっては、他の機関に相談することも必要なのではないかとも考えた。B保育士は、雄太君の祖母に相談に来てくれたことを心からねぎらい、これからも定期的に保育園として相談に応じること、雄太君のためにいっしょに力を合わせていくことを伝え、次回の相談の日時を決めた。

3. アセスメント

　園長が行った祖母との面談では、祖母もしだいに心を開き、今まで語られなかった雄太君の生育歴や家族の情報が明らかになっていった。

(1) 雄太君の生育歴

　雄太君の母親はギャンブル依存症で、妹が生まれてからはさらにひどい状態になり、子どもたちを家に置き去りにしてパチンコにのめり込んだ。職場が近かった父親が、仕事を抜け出して子どもたちの様子を見に帰り昼食を食べさせたりして、なんとかしのぐ毎日だった。その頃、雄太君は手を骨折しており、「階段から落ちた」と言っていたが、置き去りにされ寂しくて、一人でアパートの階段を下りようとしたのかもしれないし、虐待を受けていた可能性もある。母親はそのうち、ときどき夜も家を空けるようになり、父親が出張のときなど、雄太君は生まれたばかりの妹と2人だけで夜を過ごしたこともあったらしい。家を空けがちだった母親は、とうとう家に帰らなくなり、父親は2人を保育園に預け

た。雄太君が5歳の時に母親が別の男性と家庭を持つことになり、正式に離婚し、父親は子どもをつれて祖父母と同居することになったという。

(2) 家族の様子

父や祖母は、祖父に気がねしながら生活している様子であった。雄太君の祖父は世間体を気にするタイプで、父親は離婚して子連れで実家に戻ったことを後ろめたく思い、そのために雄太君に対するしつけも過剰に厳しくなっていた。また父親自身も雄太君の母のことで傷ついていた。追い打ちをかけるように、雄太君の保育園での問題行動があり、祖父との葛藤もあり、精神的に追い詰められていた。祖母もいちずでまじめな人柄で、今まで遠くから気にかけていた息子と孫といっしょに暮らし、自分が孫の養育に責任を負わなくてはいけないという気負いもあり、保育園からの雄太君の問題行動の話や、雄太君がけがをさせた保護者からのクレームに動揺し、雄太君を追い詰めている様子だった。妹は、問題を起こすことはなく、父や祖父からかわいがられていて、そのような状況も雄太君に寂しい気持ちを抱かせていた。

(3) 発達上の問題

雄太君は知的には正常域と思われたが、多動性・衝動性に関しては、AD／HD（注意欠陥/多動性障害）も疑われた。しかし雄太君の多動性・衝動性は、生育歴と環境因による可能性のほうが強いのではないかとも考えられた。いずれにしろ、小学校入学後のことも考え、複雑な生育歴があるので、児童相談所への相談を祖母に勧めた。児童相談所の嘱託医の診断に役立つように、保育園の把握している情報も児童相談所へとつなげた。その結果、AD／HDとの診断は下りなかった。児童相談所の所見としては、幼少期のネグレクトの結果、養育者とのアタッチメントがうまく形成されず、情動のコントロールが未熟なために、衝動性が高く、緊張・不安も他児よりも高い状態で、叱責される経験が続いている

ために自尊心が低下しており、それによりますます不安が増大し、安心・安全感が欠如している状態ではないか、というものであった。

(4) 問題行動が起きるクラスの状況

雄太君のクラスはおとなしい子どもが多く、雄太君に突然体を押されたりして泣き出す子はいても、やり返す子はいなかった。そのことが雄太君の乱暴な行動を助長しているようでもあり、いつも悪者は雄太君になってしまった。7月頃までは、友達と自然に仮面ライダーごっこなどをして遊ぶ様子も見られたが、雄太君の問題行動が目立つようになってからは、みんなと楽しそうに遊ぶ姿は見られないようになっていた。

雄太君の突発的に起きると思われた他児への乱暴な行為も、注意深く観察すると、雄太君が苦手としているものに取り組まなくてはいけないストレスフルな状況の時や自信がなくてイライラしている時や友達が雄太君の前で楽しそうに遊んでいる時などに多いことが分かった。また曜日では、休み明けの月曜日にトラブルが多かった。

4. プランニング

職員会議で、雄太君の事例についてアセスメントに基づき、以下の項目について協議し、援助計画を作成した。

(1) 家族へのアプローチ

雄太君の祖母に対する面談は、すでに園長によって始められていたが、祖母は雄太君にとってのキーパーソンでもあるので、面談は継続していくことになった。さらに、父に対するアプローチも必要であるとの意見があった。具体的には、保育園主催の「親父の会」への参加を誘うこと、また、一度父親にも面談に来てもらい、今まで2人の子どもを育ててきた苦労をねぎらい、保育園に対する緊張やストレスの軽減を図り、父親が雄太君への体罰をやめることができるよう援助していくことが重要であ

ると確認された。また、休日などに雄太君と2人で遊びに行くことなどを提案し、雄太君の気持ちを受け止めてあげてほしいと伝えることとした。

(2) 雄太君へのアプローチ

担任が雄太君に声をかけるときは、どうしても厳しく注意することばかりになってしまっていた。そこで問題が起きていないときに、なるべく雄太君と関わる時間を確保して、肯定的言葉がけをするようにした。

アセスメントにもあったように、雄太君の攻撃的な行動の背景には、雄太君の自信のなさや不安感の大きさがあると思われたので、新しい活動の説明は雄太君のそばでするようにし、雄太君が分からなくてイライラしそうなときは、活動に乗れるまでサポートすることにした。

雄太君が安心感・安全感を持つことができるようにすることを支援目標として、園全体で雄太君をサポートすることにした。

また、すでにアセスメントの段階で児童相談所と連携していたが、引き続き連携をとるようにした。雄太君の身体の観察を日頃から丁寧に行い、不自然なあざなどを見つけた際には、児童相談所への通告を検討することにした。

(3) 園全体としての取り組み

B保育士は、年長組の担任は初めてであり、運動会の準備等で雄太君のこと以外でもさまざまなプレッシャーを感じていた。「年長さんなので、しっかりとやらせなくては。他のクラスと比較されるから…」という思いばかり焦り、練習の指示に従わず反抗的な雄太君に対して、以前よりもいっそうネガティブな気持ちになっていた。そういった担任の気持ちが、雄太君の「見捨てられ不安」をかき立て、雄太君の問題行動を大きくしているのではないかとの意見があり、担任の負担の軽減を図ることになった。

保護者対応は引き続き園長が行い、主任がなるべく雄太君のクラスの

補助に入ることとした。雄太君以外の他の子どもの安心感・安全感を守ることも当然必要であったし、雄太君がクラスの友達にけがをさせることを未然に防げば、祖母や父親の気持ちも楽になり、「暴れるから怒られる、怒られるからまた暴れる」といった負の循環を断ち切れると考えたからである。

　また、他のクラスの先生も園庭などで雄太君を見かけたときには、積極的に声をかけてあげるようにして、園全体でサポートすることとした。

5．インターベンション

　会議で決めた支援計画に基づき、援助を実行した。

（1）家族に対して

　祖母は、面談を重ねることにより園長や保育園に対して信頼感を持つようになり、その信頼感が祖母の心に余裕を取り戻した。祖父に対しても、「父親を責めず、子育てを手伝ってやってほしい」と言えるようになったという。また、祖母より「雄太の甘え方が6歳とは思えないが、どこまで受け止めていいか」という相談があったので、園長は「雄太君にとって、やっと甘えられる人ができたんですから、存分に受け止めてあげてください」というアドバイスをした。祖母は、そのアドバイスを父親にも伝え、安心して雄太君の甘えを受け止めることができるようになった。「雄太は、"おばあちゃん、ギュウして"と抱きしめてもらうのが大好きで、妹と雄太の間に布団を引いて寝る時も、妹の方を向いて寝ると、"おばあちゃん、こっち向いて寝て"とねだるんです」とうれしそうに話すようになった。

　父親が最初に面談に来たときは非常に表情が硬かったが、雄太君のことで苦情を言われるのではなく、逆に、苦労をねぎらわれて安心したのか、表情が柔らかくなり、「自分でも雄太を怒りすぎると思う。手を出してはいけないと反省している」と語った。保育園主催の「親父の会」

にも参加し、偶然、他の父子家庭の親とも交流ができた様子であった。休日には、お父さんと雄太君2人だけで、サッカーをしたり釣りに行ったりと、雄太君はお父さんを独占できてとても楽しそうだったという。

(2) 雄太君に対して

　B保育士が、なるべく雄太君の良いところを見つけて声をかけるようにしたことで、雄太君のほうからもB保育士に話かけてくることが多くなった。「先生、プラレールやろう。僕がこのレール探すから、先生はこのレール探してね」などと遊びに誘ってくることもあり、自然と他の子どもたちと遊ぶ姿も見られるようになった。

　工作など新しい活動を説明するときは、相変わらず「嫌だ！やんない」と言った。以前であれば、B保育士は、「そんなこと言わないで、やらなきゃだめでしょ」と無理にやらせようとしていたが、雄太君の「嫌だ」という言葉に反応せず様子を見ていると、そのうち作り始めていることが多くなった。「上手にできなくても怒られない、分からなければ助けてもらえる」といった担任に対する安心感が得られたのだろう。

(3) 他機関との連携

　雄太君に対して、身体のあざなどないか観察していたが、そのようなことはなく、幸いにも児童相談所に連絡を取る事態に至らなかった。

(4) 園全体としての取り組み

　園全体でサポートしてくれることにより、B保育士の心にゆとりと「支えられている」という安心感が生まれ、雄太君に対してポジティブな気持ちになれるようになってきた。

　他のクラスの保育士は、B保育士が雄太君のことで一生懸命なのを知っているので、少しでも元気づけてあげようと、「今日ね、雄太君、年少さんにブランコ譲ってあげたんだよ」とか「雄太君ね、靴をそろえ

るの、手伝ってくれたんだよ」など、雄太君の些細なことでも良い所を見つけて報告してくれた。そのたびにB保育士は、雄太君が良い方向に向かっているんだと思いうれしくなり、雄太君に対するポジティブな気持ちが増幅した。また、そのB保育士のうれしそうな顔を見て他のクラスの保育士も、雄太君の良いところを見つけてまた報告しようと思い、雄太君の良い所を探すようになるといったプラスの循環が生まれた。

6. 終結

今まで祖母が一人で保育園の送り迎えに来ていたが、ときどき祖父も笑顔で保育園のお迎えに来るようになった。雄太君の表情は穏やかになり、衝動性や多動性が全くなくなったわけではないが、友達をけがさせることはなくなった。父親の体罰もなくなったという。雄太君は、クリスマス会の準備をみんなと楽しそうに取り組めるようになっていた。

主任が雄太君のクラスへ補助に入るのは、回数を減らしながらも継続していくが、園長の祖母への面談は「また、いつでも困ったときには相談にいらしてください」と告げて終結となった。

第2節 事例の分析と考察

雄太君に対して「この子がいなければ楽なのに」と思っていたB保育士の気持ちは、いつの間にか消えていた。B保育士は、「今思えば、"この子がいなければ楽なのに"と思ったあの気持ちは、雄太君のお母さんの思っていた気持ちと同じだったのかもしれない」と語っていた。「雄太君は、それにどこか気がついていたんじゃないだろうか」とも言う。

虐待環境を生き抜いてきた子は、どんなに幼い子でも、研ぎ澄まされた本能で援助者の心を見抜くことがある。

1. アセスメントと支援体制の重要性

　虐待事例の場合、アセスメントを十分に行うことが重要である。もちろん、最初に全ての情報が分かるわけではなく、事例の展開過程の中でさらにアセスメントが深められる。特に保護者や子どもとの信頼関係ができてくると、その事例を理解するためのより多くの情報が得られるようになり、的確なプランニングやインターベンションができるようになって、事例の問題解決に結びつくことが多い。

　アセスメントの際に必要なのは、「その子どもや家族を理解したい・支えたい」という援助者側の真摯な強い気持ちである。単に診断のためとか、その事例を決めつけてしまうようなアセスメントではなく、そこから新たな援助のアイデアや問題解決のモチベーションにつながるようなアセスメントが望まれる。

　本事例の場合、雄太君とその家族の状況、心理状態、雄太君の発達についてアセスメントすることはいうまでもなく、雄太君のクラス、またときには援助者自身をアセスメントすることも必要であった。

　B保育士は、雄太君に対してネガティブな気持ちを持っていたが、祖母から相談を受けたときに、冷静にこの事例の重要性を理解し、職員会議につなげて、率直に周囲の援助を取り付けることができた。保育士であっても、子どもに対してかわいく思えなかったり、苦手な気持ちを抱くのも自然である。特に虐待を受けてきた子は、大人の神経を逆なでするような行動をしてさらに虐待を受けたり、不利な人間関係を築くことがある。そこに援助者側が巻き込まれないために、援助者の気持ちを絶えずアセスメントしておくことが必要である。この雄太君の事例のように、虐待を受けている（受けた）子どもは、か弱い被害者として保育士の前に現れるとは限らない。ときには、幼いながらも、愛に飢えた傷ついた獣のような凶暴さを持って現れることもある。

　虐待事例の場合、加害者を孤立させないこと、援助者を孤立させない

ことが重要である。本事例では、雄太君の父親、雄太君の担任を孤立させなかったことが成功の大きな鍵となった。支えられているという安心感を家族や担任が持てることが、子ども自身の安心感につながるのである。

虐待の問題は個人で抱えきれるものではない。保育園の中での援助体制はもちろん、外部の機関との連携を積極的に図るべきである。

2. 子ども虐待と発達障害

本事例は、雄太君の多動性・衝動性の高さが、発達障害によるものなのかどうかのアセスメントが重要であった。発達障害と虐待を受けた子どもの行動特徴は近似している部分がある。また発達障害の子どもは、虐待を受けてしまうリスクが高い。DSM-Ⅳ（米国精神医学会による『精神障害の診断と統計の手引き』〔第4版〕）のAD／HDの診断基準では、「年齢不相応に著しく認められる不注意、多動性、衝動性の3症状のいくつかが、7歳になる前に6カ月以上持続して、家庭と学校など2箇所以上で見られる」と定められている。雄太君の場合、家庭では衝動性・多動性が認められなかったため、AD／HDの診断が下りなかった。問題行動が激しいと診断、服薬という方向性に行きやすいが、丁寧に環境調整を行うことにより解決する場合もある。

近年、発達障害がよく話題に上るが、その診断は医師が行うものなので、保育の現場での安易な判断は避けるべきである。しかし、診断の決め手になるものは、生育歴や行動観察による情報なので、保育士は、発達障害や子ども虐待の行動特徴についての知識を持っている必要がある。

3. 虐待の連鎖を防ぐ

虐待には、身体的虐待、ネグレクト、心理的虐待、性的虐待とあるが、実は身体的虐待よりもネグレクトのほうが、虐待の治療が困難な場合が多い。マザーテレサは「愛の反対は、憎しみではなく、無関心です」という言葉を残している。身体的虐待は、暴力という形ではあるが親との

関わりはあるが、ネグレクト（放棄）は、不適切な関わりすら持ってもらうことができないのである。

雄太君は、アタッチメントを形成すべき重要な時期に、母親から見捨てられる恐怖、不安、寂しさ、絶望、怒りにさらされた。深刻なネグレクトの環境下に置かれたことは、雄太君の心理情緒的発達に大きなダメージを与えたであろう。そのダメージが、保育園での問題行動へとつながり、父親からの体罰という新たな虐待につながるリスクがあった。この事例では、母親から過去に受けた虐待が、また新たな虐待を生んでしまうことを防ぐことができたのである。

虐待の連鎖は、ときには世代を超えてしまうこともある。しかしその連鎖を断ち切る鍵は、保育士や教員、または子どもたちの人生に関わる親以外の大人たちが握っていることもある。児童虐待を考えるときに、子どもに関わる職業に就く人々（保育士・教員・施設職員等）の重要性を強調しすぎることはない。

4．児童虐待と保育士・教員の役割

児童相談所への児童虐待に関する相談件数は、年々増加の一途をたどっており（**図表1**）、児童虐待による死亡事件も後を絶たない。このような深刻な社会状況の中で、保育士・教員は、児童虐待の早期発見・早期対応、被害を受けた子どもの適切な保護、児童虐待防止に向けた適切な対応が求められている。

「児童虐待の防止等に関する法律」の第5条では、保育士・教員などは「児童虐待を発見しやすい立場にあることを自覚し、児童虐待の早期発見に努めなければならない」とあり、第6条では虐待の通告義務が定められている。また、保育所保育指針第6章には、「保護者に不適切な養育等が疑われる場合には、市町村や関係機関と連携し、要保護児童対策地域協議会で検討するなど適切な対応を図ること。また、虐待が疑われる場合には、速やかに市町村又は児童相談所に通告し、適切な対応を図る

図表1　児童相談所における児童虐待相談対応件数の推移

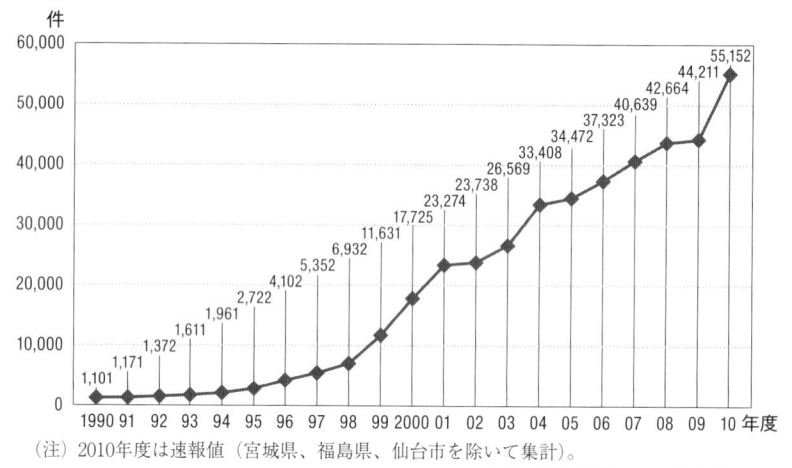

年度	件数
1990	1,101
91	1,171
92	1,372
93	1,611
94	1,961
95	2,722
96	4,102
97	5,352
98	6,932
99	11,631
2000	17,725
01	23,274
02	23,738
03	26,569
04	33,408
05	34,472
06	37,323
07	40,639
08	42,664
09	44,211
10	55,152

(注) 2010年度は速報値（宮城県、福島県、仙台市を除いて集計）。

出典：[厚生労働省、2011] を基に作成

こと」と記載されている。

　このように、虐待の発見、児童相談所等への関係機関への通告は、すでに周知徹底されつつあるが、保育所または学校が虐待を把握していたのにもかかわらず、関係機関との連携がうまくいかず、子どもの命を守ることができなかった事件が相次いでいる。関係機関との情報交換のあり方、それぞれの事例においてお互いがどのような役割分担をするのかなど問題が山積しているが、虐待の予防に力を注いでいかなくてはならないことだけは確かである。

【参考文献】

　　厚生労働省「平成23年度全国児童福祉主管課長・児童相談所長会議資料」
　　　（2011年7月20日開催）
　　杉山登志郎『子ども虐待という第四の発達障害』学習研究社、2007年
　　玉井邦夫『特別支援教育のプロとして子ども虐待を学ぶ』学習研究社、
　　　2009年

第12章

多様な専門職との連携

大野　地平

第1節　保育実践の場における専門職

1.　保育士にできること、できないこと

　本書は、保育士を目指している方が多く手にしていることと思う。では、実際に保育士として仮に保育所に勤務したとして考えてほしい。
　「目の前にあなたの担当するクラスの子どもがいる。その子どもの様子がおかしい。いつもと比べて、大人を見る目がおびえていて、着替えの際には、体に殴られた跡やタバコの火を押し付けられたときにできるやけどの跡が見える」
　ここまでの文章で、勉強を重ねてきた皆さんであれば、すぐに「児童虐待」という問題が起こっていると想像することはできると思う。では、「この問題にどう対応するか？」ということになった場合、あなたはどうするだろうか？　もちろん、園長に報告するとか相談するなどのことは当たり前のようにするとして、保育士としてのあなたが、この問題を解決することができるだろうか？
　あえて言おう。答えは「できない」である。例えば、保育士として、子どもを迎えに保育所に来た保護者に「あなたはお子さんに対して虐待していますか？」などと質問をすることは極めておかしい。虐待していなければ、家庭との信頼関係が傷つくことになるし、虐待をしているとしても、果たして「はい、しています」と答える者がいるであろうか。逆に、そういう質問をすることで虐待がさらに悪化し、子どもを死に至らしめる可能性も否定できない。
　ではどうすればいいか？　実は「できない」という答えは正確な言い方ではない。正確に言えば「保育士だけで解決することはできない」になる。恐らく、この問題の解決には児童相談所の力が必要になるし、家

庭に介入する際には警察の力も必要となるだろう。ふだんの家庭の様子を見るためには、自治体の児童福祉を担当する職員も必要だし、近隣に必ずいる民生・児童委員という存在も忘れてはならない。

保育士は、子どものプロフェッショナルである。しかし、全てをこなせることがプロフェッショナルではない。問題が起きたとき、自分に何ができて何ができないかを把握し、できない場合はどのような専門職、機関なら解決できるかを的確に判断できるのがプロフェッショナルなのである。したがって保育士は、問題を解決するための専門職や機関と連携して「チームで取り組む」という発想が不可欠なのである。

2. 保育所での専門職種

では、どのような専門職がいるかを考えていこう。まずは保育士が一般的に多く勤務する保育所においてである。

保育所は幼稚園と違い、厚生労働省管轄の児童福祉施設の一つである。児童福祉施設には、必要な専門職を置かなければならないなどといった基準を設けた厚生労働省令（厚生労働省からの行政的な命令）がある。これを「児童福祉施設最低基準」（以下最低基準）という。したがって、保育所もこの最低基準によって専門家、人員を配置している。保育所については、最低基準第33条に記されており、「保育所には、保育士、嘱託医及び調理員を置かなければならない」とされている。保育士、嘱託医（医師）に関しては後述することにして、調理員について考えてみよう。

調理員という名称は付いているものの、基本的には「食のプロフェッショナル」として考えてほしい。乳幼児期において食事という行為はたいへん重要な意味を持つ。栄養のバランス、離乳食であるかどうか、体調によっては食べ残しがあるかもしれない。好き嫌いなく食べられるように工夫することも大事であるが、食物アレルギーがある子どもに対する食事を考えることもまた重要である。文部科学省が推進している「早寝早起き朝ごはん運動」は、子どもたちが健やかに成長していくために

は、適切な運動、調和のとれた食事、十分な休養・睡眠が大切と考えられており、特に朝食をとることが大切であるとしている。このように考えると、調理員は単なる「食事を作る人、調理する人」ではなく、「栄養士」を中心とした専門職が担うべきものであると言える。現在の法規では、栄養士に関しては必ず置かなければならないというようにはなっていないが、多くの保育所では1人以上の栄養士、特に管理栄養士が勤務しているという現状がある。

これだけを見ても、保育所は家庭に代わって子どもの成長・発達を促す場であり、食についても考えなければならない施設なのである。

第2節　地域で子どもと家庭を支える

1．家庭は地域にある

延長保育をしたとしても、保育所の子どもは自分の親が待つ家庭に戻っていく。その家庭は孤立したものではなく、地域の社会、簡単に言えば町内会や近隣の人と形成された社会の中にあるものだ。したがって、その地域において、子どもの成長・発達が健やかであることが必要となる。もちろん、保護者が一番の責任を負うにしても、保護者だけが子育てを担うという「思い込み」は悲劇を招きかねない。

たいていの場合、家庭の中に入ってしまえば、言い方は悪いが他の人が踏み込みづらい「密室」となる。密室になれば、例えば母親が専業主婦とした場合、子どもと過ごす時間が長くなり、逆に自分の時間が減りストレスを抱える可能性が大きくなる。それが虐待の原因になるかもしれない。保育所を離れ、地域であっても「家庭だけに偏らない社会で支える子育て」という意識が必要になる。

2. 地域における専門職等の支援

(1) 医療保健関係者

　家庭における子どもの問題として一番大きな関心事は、恐らく「健康、病気」ということになる。そのために必要な職種としては、当然、医師、看護師などが必要となる。

　前述の保育所でも、嘱託医という形で医師が置かれているが、子どもだから医師は小児科だけでよいというわけにはいかない。必要なのは「かかりつけ医・かかりつけ歯科医」ということだ。子どもの成長や病気のことを、いつでも気軽に相談でき、ふだんの健康状態やそれまでの病歴、地域での生活パターンを考慮したうえで支援・アドバイスしてくれるという医師の存在が一番大切になる。「かかりつけ医・かかりつけ歯科医」は、病気になってから初めて探すのではなく、前もって準備しておくことが大切であり、健診や予防接種を受けるチャンスを利用するなどして、「かかりつけ医・かかりつけ歯科医」を選ぶ努力が必要だ。

　看護師は医師のサポートを主としているが、医師以上に子どもと接する機会が多くなる。それは、「かかりつけ医」の診断前の相談などはほとんどの場合、看護師によってなされるからである。また、保健センター、保健所においては、看護師の上位資格に当たる保健師がいる。

(2) 地域住民の中のボランティア

　近年は、子育てのボランティア団体、NPOなどが多くなってきた。そういったものも、社会資源として活用されるべきである。往々にしてそのような団体は、その市区町村の社会福祉協議会との関係が強い。

　社会福祉協議会（社協）とは、地域の高齢者や障害者の在宅生活を支援するために、ホームヘルプサービス（訪問介護）や配食サービスをはじめ、さまざまな福祉サービスを行っているほか、多様な福祉ニーズに応えるため、それぞれの社協が地域の特性を踏まえ、創意工夫を凝らし

た独自の事業に取り組んでいる。特に地域のボランティアなどと協力し、高齢者や障害者、子育て中の親子が気軽に集える「サロン活動」を進めているほか、社協のボランティアセンターではボランティア活動に関する相談や活動先の紹介、また、小・中・高校における福祉教育の支援等、地域の福祉活動の拠点としての役割を果たしている。専門職としては、地域活動専門員、ボランティアコーディネーターなどがある。

社会福祉協議会だけでなく、民生委員・児童委員のという肩書きの人材も地域にいる。

民生委員は、厚生労働大臣から委嘱され、それぞれの地域において、常に住民の立場に立って相談に応じ、必要な援助を行い、社会福祉の増進に努める地域住民であり、同時に児童委員を兼ねている。

児童委員は、地域の子どもたちが元気に安心して暮らせるように、子どもたちを見守り、子育ての不安や妊娠中の心配事などの相談・支援等を行う。また、一部の児童委員は、児童に関することを専門的に担当する「主任児童委員」の指名を受けている。最近では「民生・児童委員」という呼称を使う自治体も増えてきた。

地域で孤立する家庭は少なくない。しかし、地域にもサポート体制があることを覚えておいてほしい。そのサポート体制にアクセスすれば、子どもの健康と成長・発達が確保できる可能性があるからである。

第3節　専門機関と専門職

1．地方自治体

児童虐待という問題だけを見ても、残念ながら毎年相談件数が増えている。2010年には約5万5000件の相談があった（p.152の図表1参照）。児

童虐待は身体的虐待が最も多いというが、よく考えてみてほしい。身体的虐待は、身体的な傷だけで済むだろうか。当然、子どもの心をも傷つけるものだ。それは、ネグレクトであっても性的虐待であっても同じである。その精神的な傷が大きくなればなるほど、PTSD（心的外傷後ストレス障害）や解離性同一性障害などのような障害が子どもに残る。

　この児童虐待などのように専門的な対応・知識が必要な場合、まず市役所などに代表される地方自治体の児童福祉担当窓口が対応する。市町村は一番身近にあって、一番公権が集まるところである。言い方を変えれば、住民に一番近い行政となる。例えば、社会福祉主事といった相談職が確実にいるのも行政の特徴だ。ただし、公務員の人事というシステム上、児童福祉担当に専門的知識を持った現業員がいるとは限らないという現実がある。

2. 児童相談所

　児童問題の専門機関として存在するのが児童相談所である。児童福祉法第12条に基づき、各都道府県に設けられた児童福祉の専門機関である。全ての都道府県および政令指定都市（2006年4月から、中核市にも設置可能）に最低1カ所以上の児童相談所が設置されており、都道府県によってはその規模や地理的状況に応じて複数の児童相談所およびその支所を設置している。

　児童相談所は文字どおり、子どもの相談を受け付けるところであり、相談の種類は子どもの福祉に関する各般の問題にわたる。大きくは虐待などの養護相談、発達の遅れなどの障害相談、子どもの問題行動に関する非行相談、不登校などの育成相談、その他の相談に分類される。また必要に応じて、子どもを児童相談所内、あるいは委託先において一時保護をする施設もある。

　このように、多くの問題に対応する児童相談所には、下記のように専門職が多く存在する。

①児童福祉司

児童福祉司は、相談支援や調査を中心に行う児童相談所におけるケースワーカーである。問題の所在とその背景等についての調査を進め、相談者による主訴とその背後にある基本的な問題、社会的環境との関連等を解明することにより、援助のあり方を明確にする。これを「社会診断」という。

②児童指導員、保育士

児童指導員、保育士は子どもと関わりを持ちながら、その状況を把握する実践的なポジションである。一時保護等を通じて子どもの行動観察を実施し、子どもの行動上の特徴や問題点を明らかにする。これを「行動診断」という。

③小児科医、精神科医

小児科医や精神科医は、医学という子ども自身の身体、精神の問題を把握する専門家である。医学的見地から、子ども、保護者等の身体的・精神的な状態を診断・評価する。また、高度の専門性が要求される場合は、専門医療機関、施設等の医師の判断を求める。これを「医学診断」という。

④児童心理司

児童心理司は2005年より用いられた名称で、それまでは心理判定員といった。これは子どもの発達には心理的側面からの支援・アプローチが必要となるためである。心理学的諸検査や面接、観察等を通じて、子どもの人格全体の評価および家族の心理学的評価を行う。その際、子どもの能力や適性の程度、問題の心理学的意味、心理的葛藤や適応機制の具体的内容、家族の人間関係等について解明する。これを「心理診断」という。主に臨床心理士が担う。

⑤栄養士、調理員

一時保護所での食事の提供などにおいて、子どもの身体的な特徴を考える。

児童相談所の特徴は、他の施設と比べて心理面を重視することにある。

例えば判定に際しても、それを行う所員に必ず精神保健に通じた医師、あるいは心理学を修めた者をそれぞれ一人以上含めなければならないとされている（児童福祉法第12の3の4）。子どもの発達を重んじる考え方が、このことからも見ることができる。

3. 児童福祉施設の専門職

家庭にいることが、子どもにとって良いこととは限らない。虐待が行

図表1　児童福祉施設と専門職

施設種別	専門職
乳児院	小児科医（嘱託医）、看護師（足りなければ保育士）、個別対応職員、家庭支援専門相談員、栄養士及び調理員
児童養護施設	児童指導員、嘱託医、保育士、個別対応職員、家庭支援専門相談員、栄養士及び調理員、看護師（乳児が入所している場合）
母子生活支援施設	母子支援員（母子の生活支援を行う者）、嘱託医、少年を指導する職員及び調理員、心理療法担当職員
知的障害児施設	嘱託医、児童指導員、保育士、栄養士及び調理員
情緒障害児短期治療施設	医師、心理療法担当職員、児童指導員、保育士、看護師、個別対応職員、家庭支援専門相談員、栄養士及び調理員
盲ろうあ児施設	嘱託医、児童指導員、保育士、栄養士及び調理員、言語機能訓練担当職員
肢体不自由児施設	病院の職員に加えて、児童指導員、保育士及び理学療法士又は作業療法士
重症心身障害児施設	病院の職員に加えて、児童指導員、保育士、心理指導を担当する職員及び理学療法士又は作業療法士
児童自立支援施設	児童自立支援専門員（児童自立支援施設において児童の自立支援を行う者）、児童生活支援員（児童自立支援施設において児童の生活支援を行う者）、嘱託医及び精神科の診療に相当の経験を有する医師又は嘱託医、個別対応職員、家庭支援専門相談員、栄養士及び調理員

出典：［内山ほか、2011］p.24を基に作成

われている家庭に返せば、生命の危険さえある。そのような場合、児童相談所は他の児童福祉施設へ入所措置をとる。なぜならば、専門的見地から言えば、まず子どもに「健康で文化的な最低限度の生活」を保障することが必要だからだ。それが家庭で実行できないのであれば、施設への措置もやむを得ないところとなる。必要なことは、それを的確に判断し、その判断を受けて児童福祉施設が的確に対応することである。そのためには、**図表1**に示されている多様な専門職が必要となる。

　なお、2012年4月から児童福祉法が改正される。それに伴い、知的障害児施設等が「福祉型障害児入所施設」、「医療型障害児入所施設」に再編される。またデイサービスなども含めた通園型の施設も、「児童発達センター」「医療型児童発達センター」等に再編され、加えて「障害児相談事業」、「保育所等訪問支援事業」等が盛り込まれることとなった。障害者自立支援法の動向と併せて、これ以降も変化が予想されるので注意する必要がある。

第4節　専門職への期待

1．専門職による親への支援

　前述のように、児童虐待が発覚した場合、児童相談所は他の児童福祉施設へ入所措置をとる。しかし、施設への送致はそれほど多くはない。2006年度の厚生労働省による「児童相談所における児童虐待相談対応件数等」では、虐待相談を受け付けた後の対応状況は、助言指導や継続指導等のいわゆる「面接指導」が約8割で、「施設入所」については約1割となっている。つまり、虐待の通報を受けた児童の大半は地域で生活しているのだ。

この現状を受け、児童相談所では虐待をしてしまった親への教育プログラムを実施する等、地域における生活の中での支援方法を構築しているところもある。例えば、コモンセンス・ペアレンティング（CSP：Common Sense Parenting）と呼ばれる行動療法を基に、親への支援を行うなどの事例も挙がっている。これは、虐待としつけを混同してしまう親などに対し、対話を中心としたプログラムで、良好な親子関係を築こうというものである。

　専門職は、まず子どもに「健康で文化的な最低限度の生活」を担保することが必要だ。それが家庭で実行できないのであれば、実行できるように、地域や専門機関から親や家庭への援助が行われなければならない。それでも問題がある場合は、施設への措置もやむを得ないところとなる。必要なことは、それを的確に判断し、その判断を受けて、児童福祉の機関や施設が的確に対応することである。

2．専門職の連携

　これまで、各機関、場面を中心に論じてきたが、統一していることは、「保育士だけでなく、他（多）職種連携によるサポート体制」である。保育士だけでも問題は解決しないし、心理職だけでも無理である。それらの専門職が連携することで初めて子どものセーフティネットが出来上がるのだということだ。しかし、裏を返せば、これだけ専門職を用意しなければならないほど、子育てという行為は大変なのである。親にだけ負担をかければいいというものでもないし、専門職がバラバラに対応しては何もできない。子育ては社会全体で行う行為なのである。

　子育ては親の責任であることは間違いない。しかし、親だけの責任でもない。子どもはわが国の将来の宝というのであれば、その宝をわが国を挙げて支えるというシステムが求められているのである。

　最近ではIPW（Inter Professional Work）というものが専門職間でも論じられている。これは、専門職が「共に」目標を掲げ、専門性を超えた

専門性である「連携」をすることで、真の対象理解、支援が進むというものである。それぞれががんばるだけでなく、力を合わせてがんばる方法を私たちは作り上げなければならない。

【参考文献】
　内山元夫ほか編『福祉施設実習ハンドブック〔3訂版〕』みらい、2011年
　尾崎新『対人援助の技法「曖昧さ」から「柔軟さ・自在さ」へ』誠信書房、
　　　1997年
　柏女霊峰『子ども家庭福祉論〔第2版〕』誠信書房、2011年
　(社)日本社会福祉士会編『新・社会福祉援助の共通基盤 上・下』中央法
　　　規出版、2004年
　(社)日本社会福祉士養成校協会『わが国の社会福祉教育——特にソーシャ
　　　ルワークにおける基本用語の統一・普及に関する研究』、2005年
　渡邉洋一『コミュニティケアと社会福祉の展望』相川書房、2005年

第13章

障害のある子どもと
その保護者への支援

谷口　卓

第1節　アスペルガー症候群の子どもと その保護者への対応

　障害がある子どもの相談に乗ったり、子どもの障害について、保護者や関係機関の理解を促すことが保育士の役割である。また、保育所に通園している子どもに障害がある場合は、家庭との連携が必要になる。
　同時に、連絡ノート等を通して、保育所での子どもの様子や園の指導計画を保護者に知らせ、保護者の意向を確認しながら保育することが求められる。すなわち、家庭での子どもの様子と園における子どもの様子について、保護者と園の担当保育士との間で十分に情報交換しながら連携して対応していくことが求められるのである。

1. 事例の概要

(1) 援助過程の概要

　A君（5歳、現在C保育園に通園）は3歳の頃、言葉や発音が不明瞭なため、保健師の勧めもあり、母親はB病院の言語聴覚士（ST）に相談し、2008年10月頃、B病院で新版K式の発達検査を受けた。
　2009年6月に、E県こども総合療育センターを紹介されて発達検査・診断を受け、主治医からアスペルガー症候群との診断を受ける。その際主治医から、Fハウス（D地域療育センター内の児童デイサービス）での療育を紹介された。
　その後、保健師からD地域療育センター療育相談員あてに連絡が入り、2009年10月に母親と面談した。

＜D地域療育センター療育相談員と母親との面接＞
　相談員：こんにちは、A君のことで少しお聞きしたいことがあるのですが、

図表1　A君を取り巻く社会資源（エコマップ）

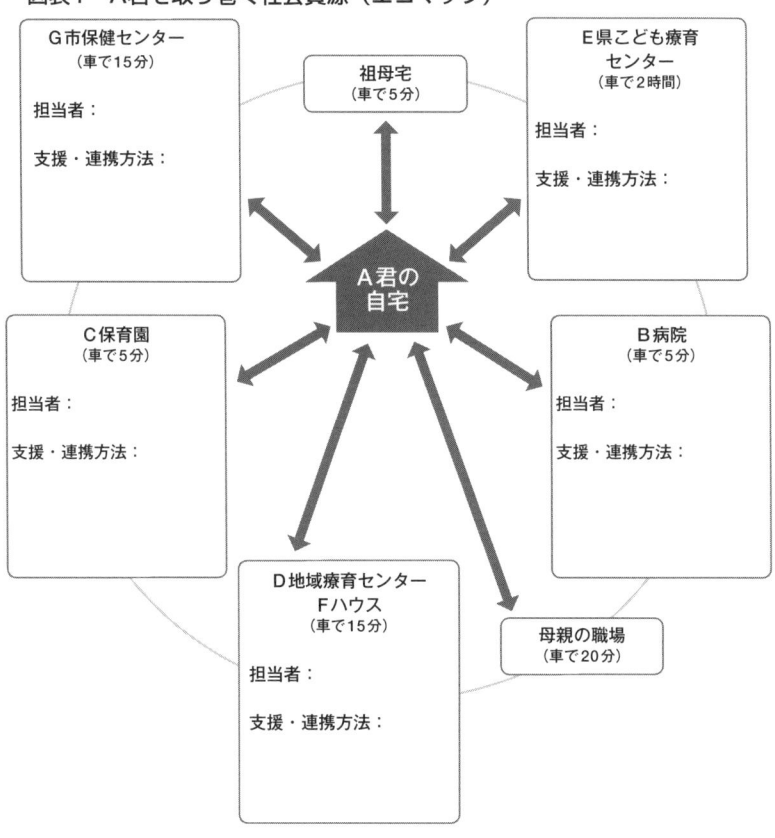

```
G市保健センター        祖母宅         E県こども療育
  （車で15分）       （車で5分）         センター
                                     （車で2時間）
担当者：                              担当者：
支援・連携方法：                      支援・連携方法：


              ┌─────────┐
              │  A君の   │
              │  自宅    │
              └─────────┘

C保育園                              B病院
（車で5分）                       （車で5分）

担当者：                              担当者：
支援・連携方法：                      支援・連携方法：


         D地域療育センター
             Fハウス              母親の職場
           （車で15分）           （車で20分）

         担当者：
         支援・連携方法：
```

　　　園でのA君の様子についてC保育園の担当の先生とはときどき話し合われていますか？

母親：いえ、仕事が忙しくて保育園の先生とはなかなかお会いする時間がありません。園からの連絡ノートには毎日目を通しているのですが。

相談員：連絡ノートに書かれているA君の園での様子について、お母様はどう思われていますか？

母親：それが、園での様子と家での子どもの様子が全く違うのです。子どもは園では全く落ち着きがなく多動ということですが、家ではおとな

しくて全く逆なので、園での様子が信じられないのです。
相談員：そうですか、それは心配ですね。お母様、これは提案なんですが、園でのA君の様子を参観に一度行かれてみてはいかがでしょうか。もしお母様がご希望なら私の方から園に連絡をさせてもらいますが。
母親：そうですね。毎日仕事が忙しくて、なかなか園に行く時間がないんです。一度考えてみます。
相談員：わかりました。それではまたご連絡をお待ちしています。

　面接後、E県こども療育センターとの連携により、10月よりFハウスにて療育を開始した。
　11月には母親がC保育園でA君の保育の様子を参観後、D地域療育センター療育相談員とともに、担任および園長先生と面談。母親との今後の連携の方向性について話し合った。
　母親はA君が3歳の頃に離婚。現在、A君は母親の実家で、母親、祖母と3人で暮らしている。母親は自宅から車で20分の距離にある職場で働いている。

(2) 各機関の援助体制
C保育園：担当保育士に加え、加配の保育士を配置し、A君の日常的な生活の場として、A君の特性に応じた保育を行う。
Fハウス：担当保育士の作成した個別支援計画書に基づき、身辺面や就学への支援、家族支援等の児童デイサービスを行う。
D地域療育センター：B病院、C保育園や保健師と連携し、A君の支援を継続してゆく。また保護者の相談にも対応する。
G市保健センター：B病院の言語聴覚士およびC保育園やE県こども療育センターとの連携により、A君および保護者への支援を継続する。

(3) 援助過程に関する演習

① A君の事例を読み、インテーク面接（事例の中での2009年10月の母親との面談時の会話のやりとり）を参考に2人組みになり、ロールプレイングしてみよう。相談員と母親の役割を交代して行ってみよう。終了後、各々の役割で演じた感想を述べよう。

② A君の行動観察の結果得られた情報および母親に関する情報などを整理してみよう。

③ (1)で得られたアセスメントを基に、A君に関するエコマップを作成すると**図表1**のようになるが、エコマップの中の各機関（社会資源）の担当者および連携方法・支援方法について、事例の文章の中から拾って書き入れてみよう。

④ 以上から得られた情報を基に、社会資源と連携しながら、A君に対する支援の実際とその評価および終結に向けた取り組みについて考えてみよう（母親に対する支援も併せて）。

2. 事例の分析・考察

(1) 分析

A君の事例において、面接を行っていく過程で母親の心理面が明らかになっていく。分析すると、以下の4点が挙げられる。

① A君の障害を受容しきれておらず、「障害は自分のせいだ」と自分を責めている。

② 障害児を持つ母親の心理として、「自分がこの子の世話をしなければ」という責任意識がある。

③ 上記の①、②のような母親の感情や責任意識が、社会資源である各機関でのサービス利用に影響が出ていた。

④ 今後、A君の障害を受容していく段階に応じて、母親の気持ちに変化が生じてくると思われる。

①については、3歳児検診時に保健師からB病院のST（言語聴覚士）受診を勧められた際に、A君の障害は自分の子育てに原因があるのではと自分を責めていた。折しもその時期は、母親は父親との離婚により精神的にも大変な時期でもあり、情緒不安定な頃でもあった。

　②については、A君の母親のみならず、障害児を抱える母親はこのような責任意識をもつ傾向にある。加えて、A君のケースは上記のように情緒不安定な時期でもあり、自分がA君と関わる時間（子育てにおいて）が少なかったことが影響しているのではないかとの思いがその責任意識をさらに助長しているのではないかと思われる。

　③については、①、②のような母親の感情は、**図表1**に掲げた社会資源（各機関）におけるさまざまなサービスを利用するに当たり、少なからず影響が出ることが懸念される。例えば、C保育園においては、担当保育士と母親との間の信頼関係がA君の特性に応じた保育を行ううえで影響を与えることは言うまでもない。冒頭でも述べたように、家庭でのA君の様子と園におけるA君の様子を母親と園の担当保育士との間で十分に情報交換しながら、連携してA君に対応しなければならない。

　本事例では、母親と園の担当保育士の間の相互の信頼関係が、当初の頃は十分ではないと思われた。そのため、D地域療育センターの療育相談員が園と母親の仲介役となり働きかけた結果、母親が園に保育参観に行くことになり、園におけるA君の様子を観察することで、担当保育士との信頼関係を再構築する機会が持たれた。

　④については、A君の障害に対する受容に関して、母親は上記①、②のような思いや意識があり、今後A君の障害を受容していく段階で、母親の気持ちにさまざまな変化が生じてくると思われる。まず上記の①、②の感情を抱えている母親に対し、「子育て」とA君の障害との関連性に触れながら、母親の気持ちを受容しながら支援を続けていく必要性がある。

　まず、アスペルガー症候群の特性に関する理解を母親に深めてもらい、

A君の将来を見越した視点で家庭、学校、療育機関等が連携し、A君に対し、一貫した理解と対応をしていくことが大切である。その際留意しなければならないことは、親の障害受容の過程に迷いや停滞があれば、子どもの障害受容に対しても、また同様に迷いや停滞を余儀なくされるということである。また、親が障害受容をした後、A君本人に対し、いつ頃、どの時期に障害についての告知をするべきか、またどのような方法で伝えるのかという問題についても、各機関が連携を取り合いながら話し合っていくことが大切である。

(2) 考察

　図表1のエコマップに挙げられている社会資源（各機関）が一堂に会し、A君に関するケース会議を開催した。
　その際に確認された点は以下のとおりである。
　各機関が今後連携していくうえでのポイントとして、次の4点が挙げられた。
　①情報を共有していく必要があるが、個人情報への配慮も必要である。
　②機関どうしでお互いの機能（どの程度まで援助可能か等）を確認する。
　③A君の最善の利益について、対等な関係で話し合う。
　④学校との関係においては、施設職員は「保護者」の代弁機能（アドボカシー）としての役割を果たすとともに、「専門職」の役割を果たす。

　また、A君に対する療育と並行して、障害受容に向けて母親に対する支援の今後については、以下の4点が確認された。
　①保護者が子ども（特に保育園におけるA君に対する支援の内容等）についてどの程度理解しているかを確認する。
　②家庭におけるA君の様子、母親の対応の様子について、情報を共有する。
　③母親の気持ち（子育てと仕事との両立等）を受容し、A君の園での様

子についても母親が負い目を感じないような対応を心がける。
　④母親のペースでゆっくり進める。
　上記のとおりケース会議で確認されたことを中心に、今後各機関どうしで連携をさらに深め、A君および母親への支援を継続していく。

第2節　障害のある子どもとその保護者への対応・支援

1．保育士の対応・支援

　保育士の業務として、児童福祉法第18条の4の規定に、「保育士とは……保育士の名称を用いて、専門的知識及び技術をもって、児童の保育及び児童の保護者に対する保育に関する指導を行うことを業とする者」と書かれている。すなわち、保育士は子どもの保育のみならず、保育・養護領域で、児童とその保護者に対するソーシャルワーカーとしての役割も求められている。

　保育所に通っている子どもに障害がある場合、家庭との連携が必要になる。保育所での子どもの様子や個別指導計画を保護者に知らせ、保護者の意向を確認しながら保育することが求められる。また、子どもの障害について保護者や関係機関の理解を促すことも保育士の役割である。

　特に保護者に対して、子どもの障害の受容を支援していくことが求められてくるが、その際のポイントは以下のとおりである。
　①保護者が子どもについてどの程度理解しているか確認する。
　②障害があると決めつけない。
　③ありのままを説明するが、事実を突きつけない。
　④保護者の気持ちをそのまま理解（受容）する。
　⑤保護者のペースでゆっくりと進める。
　また、第1節の事例のA君のような障害のある自閉傾向を持った子ど

もの保護者に対する支援のポイントとしては、以下の5点が挙げられる。
　①子どもについて一番の理解者は保護者であると考える。
　②家庭で行っている対応方法について教えてもらう。
　③子どもを大切に思っている気持ちを伝える。
　④園での様子について、保護者が負い目を感じないように伝える。
　⑤障害の特徴と一般的な対応方法について保護者に分かりやすく知らせる。

2. 関連機関の連携・協力

　障害がある入所児童の相談に乗ったり、子どもの障害について保護者や関係機関の理解を促すことも保育士の役割である。
　A君の事例にもあるように、病院、保健センター、地域療育センターなどの関係機関と担当保育士が十分な連携を取ってお互いに協力しながら保護者に対応してゆく必要がある。その際のポイントは、以下のとおりである。
　①情報を共有する必要があるが、個人情報への配慮も必要である。
　②機関どうしで互いの機能を知り合う必要がある。
　③対等な関係で、子どもの最善の利益という視点で話し合う。
　④今後の小学校進学に伴う際、学校との関係において、施設職員は「保護者」の立場とともに「専門職」の役割を果たす。

【参考文献】
　相澤穣治編著『障害者福祉論』学文社、2005年
　吉田真理『相談援助』青踏社、2011年

第14章

社会資源の活用・調整・開発

太田　敬子

第1節　相談援助と社会資源

1．保育所保育指針における社会資源の活用・連携

　児童福祉領域の専門職である保育士として求められる職務上の内容のうち、地域の社会資源の活用・連携の点から説明している点について、2008年3月に改訂された保育所保育指針で押さえておこう。

　まず、「第1章　総則」の「2　保育所の役割」の中に、「(3) 保育所は、入所する子どもを保育するとともに、家庭や地域の様々な社会資源との連携を図りながら、入所する子どもの保護者に対する支援及び地域の子育て家庭に対する支援等を行う役割を担うものである」と明記されている。

　さらに、「第6章　保護者に対する支援」の中で、特に関係機関の連携や社会資源に関する内容として、次の4点が示されている。

　①地域の子育て支援に関する資源の積極的活用。関係機関・団体等との連携・協力。＜1−(7)＞
　②子どもに障害や発達上の課題がある場合の市町村・関係機関との連携・協力。保護者支援。＜2−(4)＞
　③不適切な養育や虐待の疑われる場合の市町村、関係機関、要保護児童対策協議会、児童相談所との連携・協力。＜2−(6)＞
　④子育て支援に関わる地域の人材活用。＜3−(2)＞

　保育士は日常、利用児童や家庭に対し、幅広い直接の保育や相談を行っているが、以上に示されているように保育所の中だけにとどまらず、地域における他のさまざまな機関や専門職と連携・協力しながら職務を進めていくこと、そのための職務上の力量を身につけることを求められていることをしっかりと認識しておくことが必要である。

2. 保育士に期待される社会資源の活用

　現在、保育所を含む児童福祉施設では、多様な利用児童と家庭のニーズを受け止め支援してくことが期待されており、その対応の範囲が年々広がっている。地域の子育て中の家庭の仲間づくり、子育ての悩みや不安への相談、養育困難への支援や虐待防止への対応、障害児を育てる家庭の支援、失業など経済的事情により生活困窮を抱えながら子育てをする家庭への支援、疾病や長期療養が必要となった親と子どもへの支援などの対応が求められている。このため、保育所や児童養護施設、知的障害児施設などの各施設は、それぞれの担う機能と役割を行いつつ、同時に児童相談所、病院、学校などさまざまな機関や施設と連携や協力を行いながら、その業務を実施しているのである。

　また、こうした業務を遂行していくうえでは、地域の特性や特有の課題を把握することも重要となり、それらを踏まえて、子育て環境を整備したり、地域全体で虐待の未然防止に取り組んだり、子育て不安や育児課題を持つ家庭へのアプローチなどへつなげる視点も必要になる。このようなことから、社会福祉領域の専門職としての保育士は、児童福祉領域に関わる社会資源の内容を熟知し、その活用の仕方の理解を深めることが不可欠となっているのである。

第2節　地域の社会資源とは何か

1. 多様な社会資源による家庭支援の実際例

　次の事例は、さまざまな児童福祉領域の社会資源とつながって支援されてきた、ある家庭の姿である。次の事例を読んだうえで、いくつかの

点から社会資源について考えてみよう。

〔事例〕
　Aさん（30歳）は、長男B君（5歳）、C子ちゃん（3歳）の母親である。現在、市の保育所に2人の子どもを預けながら仕事をしている。Aさんは、夫とはB君の子育てについて意見が合わないことや女性問題から不仲となり、養育費の支払いを条件としてC子ちゃんを妊娠中に協議離婚をした。ところが、養育費は数カ月しか支払われず、助けてくれる親族が周囲にいないことから、生活に困るようになり、出産後まもないこともあって、すっかり体調を崩してしまった。

　また以前からB君には検診で軽い発達障害があることが分かっていて、D市保健センターとつながりがあったことから、どうしたらよいか分からなかった母親は、保健師のEさんに相談した。保健師は、社会福祉事務所や児童相談所の児童福祉司がいろいろと相談に乗ってくれることを伝え、Aさんの事情や考えをよく聴いたうえで児童相談所に連絡をした。

　児童相談所では、今の状態では仕事に就くことも難しく、経済的にも厳しいことから、Aさんの体調が回復するまで、子どもと安心して暮らせるように支援を検討した。こうしてAさんは母子生活支援施設を紹介され、親子で入所して利用することになった。

　その後、体調が回復したAさんは、母子指導員に今後の生活について相談しながらハローワークへも通い、就労への準備を始めた。そして2人の子どもを保育所に預けて働くことのできる現在の職場が見つかったので、施設を退所し、アパートを借りた。D市保育所の担当保育士は、2人の子どもを育てながら働くAさんを見守ってきたところである。

　園長と主任は、担当の保育士から、Aさんがなんとか仕事に慣れてきたものの、疲れがたまっていること、特にC子ちゃんと十分に家で関わる時間がないこと、B君の小学校就学に向けていろいろと心配していると報告を受けており、今後の対応について検討しているところである。

〔**演習問題**〕(演習課題に取り組むポイントは章末p.184参照)
　①この家庭に関わっている施設や機関、専門職を全て書き出してみよう。
　②それぞれの関わっている機関や施設は、Aさんの家庭に対してどのような支援を行っているだろうか。
　③それぞれの機関や施設の役割・機能と、そこで働く専門職とその職務内容について調べ、具体的に説明してみよう。
　④支援が連携して進められ、継続していく様子を、時間経過とともに整理してみよう。
　⑤以上の作業をもとに、エコマップを作成してみよう。Aさん家族を中心とした人間関係、機関や施設、専門職と関係を捉えてみよう。

　このように実際の支援では、Aさんの家庭のように複数の施設や機関、専門職が関わり、地域で生活する子どもと家庭を支えているのである。

2. 社会資源の捉え方

　一般的に社会資源とは、個人や家庭が抱える福祉ニーズを充足させ、問題や課題を解決するために活用されるあらゆる手段を総称している。具体的には、機関、施設、制度、金銭や物品、専門的知識や技術を持つ専門職や地域住民、ボランティア、また、利用者自身が持つ意欲や能力まで含まれる。

　こうした多様な社会資源の具体的な捉え方には、いくつかの考え方がある。一つは、フォーマルな社会資源とインフォーマルな社会資源に分ける捉え方である。

　フォーマルな社会資源とは、社会的に制度化され整備された公的なサービスである。専門の職員が配置され、継続的に援助が提供される。具体的には、行政、自治体、社会福祉法人、医療法人、NPO法人などの公的な認可を受けた団体が、法的な位置づけをもって提供する公益性・公正性の高いサービスである。こうした社会資源を利用する場合に

は、一定の審査や利用資格が定められており、申請などの手続きが必要となる。緊急性が高い場合に優先的に扱われ、利用料が発生する場合もその人の経済的状況に合わせて、経済的負担に対する減免措置などが用意されている。なお、社会資源の供給主体から見た場合、公的なサービス以外に民間が行う営利サービスがある。必要な時に必要なだけ使うことのできるサービスであるが、ときには高額な利用料が必要なこともあ

図表1　児童家庭福祉領域の相談援助と関連の深い社会資源

専門機関（相談機関・教育機関） 児童相談所、社会福祉事務所、家庭児童相談室、保健所・市町村保健センター、病院、地域療育相談センター、小児療育相談センター、母子福祉センター、母子健康センター、家庭裁判所、幼稚園、小学校、中学校、特別支援学級・学校、教育委員会、教育相談センター、家庭裁判所
児童福祉施設（入所・通所） 保育所、認可外保育所、乳児院、児童養護施設、母子生活支援施設、情緒障害児短期治療施設、児童自立支援施設、知的障害児施設、自閉症児施設、肢体不自由児施設、盲・ろうあ児施設、重症心身障害児施設、児童館、学童保育、児童遊園
専門職 保育士、幼稚園教諭、児童厚生員、家庭相談員、児童委員、母子相談員、小・中学校教諭、養護教諭、医師（小児科医、児童精神科医等）、看護師、栄養士、臨床心理士、言語聴覚士、作業療法士、理学療法士、児童福祉司、児童心理士、社会福祉士、スクールカウンセラー、保護司、弁護士等
児童福祉制度、児童福祉事業 児童手当、児童扶養手当、特別児童扶養手当、育成医療、小児慢性特定疾患治療研究事業、里親制度、児童居宅生活支援事業、放課後児童健全育成事業、短期入所生活援助事業（ショートステイ）、障害児デイサービス事業、児童夜間養護事業（トワイライトステイ）等
児童福祉法および関連法 児童福祉法、児童扶養手当法、特別児童扶養手当等の支給に関する法律、母子及び寡婦福祉法、母子保健法、児童手当法、児童虐待の防止等に関する法律、配偶者からの暴力の防止及び被害者の保護に関する法律、生活保護法、育児休業・介護休業等育児又は家族介護を行う労働者の福祉に関する法律、学校教育法、少年法
関連する地域の子育て関係事業（住民、企業、民間団体等が主体） 子育てサークル、ファミリーサポートセンター、保育ママ、ベビーシッター、ボランティア等

出典：[社会福祉の動向編集委員会、2011] を基に作成

るため経済的負担も増し、誰もが簡単に利用できるわけではない。

　インフォーマルな社会資源とは、家族、親族、友人、近所の知り合い、職場の同僚、ボランティア、相互扶助団体、当事者組織など血縁や地縁などの私的・身近で親密な人間関係や当事者組織、相互扶助団体等から提供される援助を指す。利用料やサービス内容については特に制度的な規制はない。そのため、頼みやすさや融通性はあるが、相互の人間関係の影響を受けやすく、専門性や安定性に欠ける場合もある。特に、地域社会での人間関係の希薄化が進む現代において、家族や身近な人から助けを得にくくなっていることが大きな課題となっている。

　さらに、支援を必要としている利用者自身の持つ内的な力を、社会資源として見る捉え方がある。これは、人的社会資源として利用者自身が持つ意欲・能力・資産等に視点を向け、他の社会資源と結びつけながら、それらを高めていくように働きかけていくことを意味している。

3. 児童家庭福祉領域の社会資源

　児童家庭福祉領域の相談援助に関連の深い代表的な社会資源を**図表1**に示した。このように、地域の中には多様な機関、施設、民間の場があり、多くの専門職や関係者が直接の支援に当たっている。それゆえ、自

図表2　児童家庭福祉領域の社会資源とネットワーク

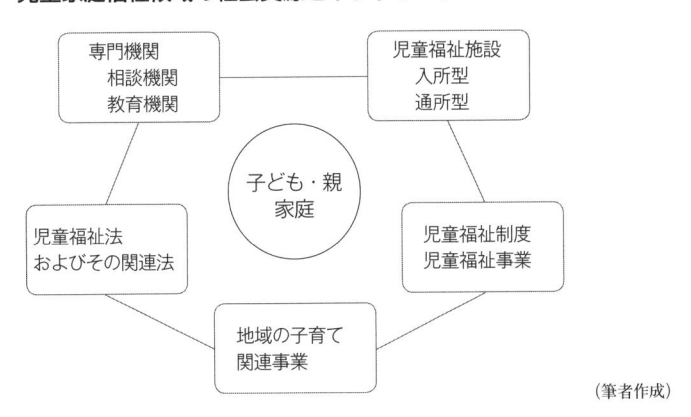

(筆者作成)

分の所属する機関・施設の役割・機能と、その他の社会資源および専門職について、十分熟知しておきたい。そしてこのように多種多様な社会資源を、児童、家族の生活課題や福祉ニーズに応じて適切に結びつけていくことが必要とされているのである（**図表2**）。

第3節　地域の社会資源の活用

1. 関係機関の連携と調整

　これまで述べてきたように、児童と家族が社会資源を利用しながらその生活困難や課題を乗り越え生活できるよう支援することがますます求められるようになっており、これからの保育士の児童福祉実践の中では重要な取り組みと位置づけられている。したがって、複雑で多様な社会資源を、児童や家族の生活上の福祉ニーズに合わせて適切に組み合わせたり、関係機関が連携したりすることによって、利用者の生活課題が解決したり軽減されたりするよう支援を行っていくのである。保育所の保育士は、子どもや保護者の生活に直接触れ、そのニーズに応えていく場合が多い。それだけに、他の関係機関と連携・協力などの調整役を担う役割が期待される。

　その際に留意すべき点がある。利用者自ら、また児童自身が、自分に必要な社会資源を理解し、見つけて活用するのであるが、実際には、それが難しい場合が多いということである。ほとんどは、自分がどのような支援を受けることができるのかについて、知識や情報を十分に持ち合わせておらず、どこへ相談してよいのか分からない、自分の要望や希望を伝えることができにくい、というのが現状である。

　さらに、虐待、家族関係や金銭面などに関して複雑な問題を抱えて地

域から孤立し、利用を希望しない、あるいはサービスを拒否するという場合もある。こうした場合、保育士側が利用者へ積極的に働きかけたり、家庭まで出向いたりして、根気よく関係形成に努め、信頼関係に基づくサービス利用へとつなげていくアウトリーチも必要になることもある。それが、地域の児童と家庭の福祉ニーズが埋没し深刻化しないように、リスクを未然に防止し、問題の早期発見と対応をしやすくする体制の準備にもつながっていくのである。

2. 社会資源の開発

　先に掲げた**図表1**のように、さまざまな社会資源があり、それらを十分活用することが求められるが、一方で、実際に援助を進めていくと、十分に子どもや保護者のニーズを満たすことができないことが生じる場合がある。また、明らかにその地域や環境に社会資源が不足している場合もある。既存の社会資源が利用しにくい場合は、意見や要望を吟味して改善することが求められ、例えば、利用要件を変えたり、緩和して対応したりすることが考えられる。こうしたことは、少数の個別的な対応で終わる場合もあるが、同じような課題が一定の利用層に共通して見られることもあり、丁寧に課題を把握し修正したり、新しい社会資源の開発に結びつけていくことが重要となる。

　社会資源の開発の方法としては、主に2つの手法がある。1つは、ソーシャルアクションとして、住民や当事者の立場から自分たちの意見や要望を広く訴えながら、社会に対して働きかけ、承認を得て、新しい制度や施設の整備へつなげていく方法である。もう1つは、地域住民の福祉ニーズを市町村や行政が把握し、地域福祉計画に反映させる方向で新たな制度や社会資源を整備する方法である。近年、国、地方自治体では児童福祉領域において次々と福祉計画や新しい事業の展開を進めている。その具体的な策定を行う中で、計画的に福祉サービスの充実を図ることも、社会資源の開発につながるのである。

〔演習課題に取り組むポイント〕

①この事例の家庭に対して関わってきたさまざまな施設や機関、専門職を具体的に挙げてみよう。

D市保健センター、D市保健センター保健師Eさん、児童相談所、児童相談所の児童福祉司、母子生活支援施設、母子生活支援施設の母子相談員、ハローワーク、D市保育所、D市保育所保育士、園長、主任

②D市保健センターで行った支援内容、児童相談所で行った支援内容、保育所で行っている支援内容などについて考察してみよう。

それぞれの機関、施設の持つ機能や専門職の役割の特徴がどのように生かされ、支援がつながっているかを捉えてみよう。

③社会資源とは何かを具体的に知るためには、その内容を把握しておくことが必要である。

児童家庭福祉領域の専門的機関や施設、従事する専門職の職務内容について調べてみよう。

④連携と協力で支援を進めることの大切さを理解しよう。

他機関と連携を取って支援が進められているところはどこだろうか。その際に配慮すべき点も考えてみよう。

⑤エコマップの解答例

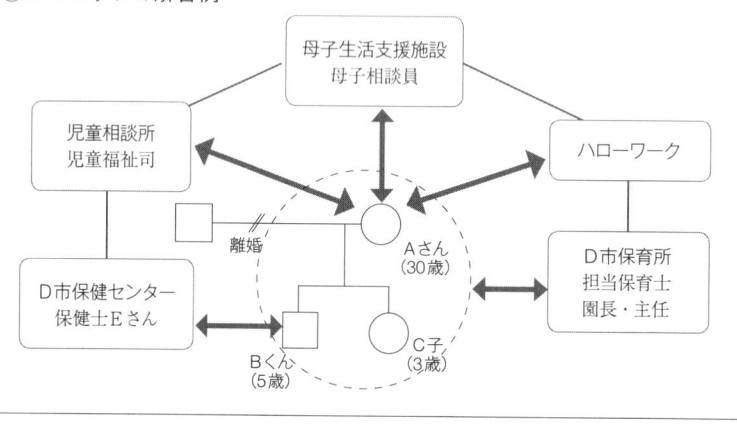

【参考文献】

　社会福祉の動向編集委員会編『社会福祉の動向〈2011〉』中央法規出版、2011年

　日本地域福祉学会編『地域福祉事典〔新版〕』中央法規出版、2006年

　山縣文治編『社会福祉用語辞典』ミネルヴァ書房、2010年

第15章

ロールプレイ、フィールドワーク等による事例分析

白澤　宏明

第1節　ロールプレイ、フィールドワークとは

1. ロールプレイ、フィールドワークの事例分析

　本書を通じて学習した相談援助に関する理論や知識、技術等を実際の現場で活用するためには、実践に即した事例を通しての学びが効果的である。相談援助が、単に援助者の経験や勘によるものではないことはすでに理解できたと思うが、実際に相談を受けると、どのように対応してよいか分からず、場当たり的な対応になることもある。自分の行った相談援助を振り返り、仲間や他職種とさまざまな視点から問題を分析し合い、より良い援助を考え、実践に生かしていくのが事例分析である。

　事例分析には、事例の人物を演じて実感しながら分析と考察を深めるロールプレイと、事例の対象の地域に入り込み、観察と記録による分析を行うフィールドワークなどがある。本章では、相談援助のアセスメントに活用できるマッピング演習、事例を通じ体験的に学ぶロールプレイ演習、現場の保育士から聞き取り調査を行うフィールドワーク演習を通じ、相談援助の実践力を高めていきたい。

2. マッピング演習

　利用者を取り巻く環境は、さまざまな影響を受けている。利用者とその家族、家族を取り巻く社会環境を、線や記号で表し整理するのがマッピングである。ここでは、マッピングで代表的なジェノグラム、ファミリーマップ、エコマップを紹介する（**図表1**）ので、図の事例をノート等に書き写して練習してほしい。また、演習の最後では、自分自身のエコマップを作成し、自分を取り巻く環境について整理し、自己覚知につなげる。

図表1　マッピングの表記方法（ジェノグラム・ファミリーマップ・エコマップ）

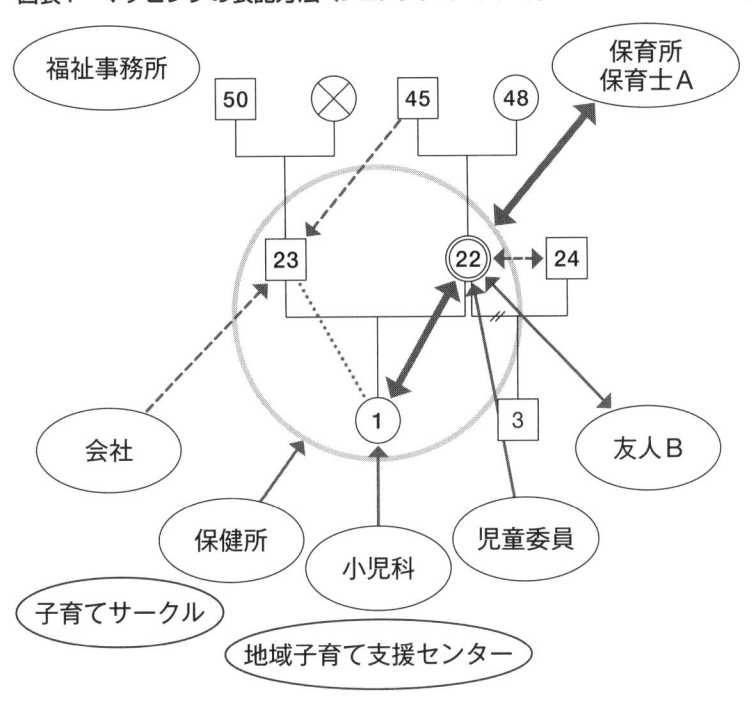

ジェノグラムの書き方

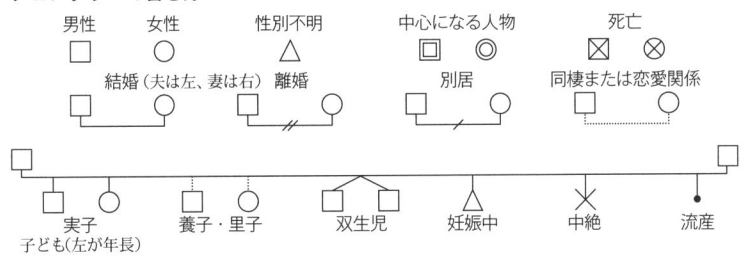

男性	女性	性別不明	中心になる人物	死亡
□	○	△	□ ◎	⊠ ⊗

結婚（夫は左、妻は右）　離婚　　別居　　同棲または恋愛関係

子ども（左が年長）
実子　　養子・里子　　双生児　　妊娠中　　中絶　　流産

※同居の家族は丸で囲む。
※□○の中に年齢を記入するとわかりやすい。

関心の方向　　→　　普通の関係　　──　　疎遠な関係　　……
ストレスな関係　― ― ―　　強く深い関係　　━━━

エコマップでは、ジェノグラムを図の中心に置き、その周囲に、家族に関わっている関係者や機関名を記入する（担当者が分かる場合は、名前も記入する）。

（筆者作成）

第15章●ロールプレイ、フィールドワーク等による事例分析

(1) ジェノグラム

　ジェノグラムとは、家族の世代間の関係を図で示したものであり、利用者の置かれた家族関係の歴史を明らかにするのに有効な方法である。利用者との相談が進むにつれて、祖父母や配偶者、子どもなどの家族のメンバーの存在が明らかになる。そこで、利用者の家族全体を記号で表すことによって、視覚的に家族を理解することが可能になる。

(2) ファミリーマップ

　援助者は、利用者の家族の全体像を把握した後、家族の人間関係について触れていくことになる。利用者の抱えている悩みや不安が、家族内部の対立や摩擦関係によって引き起こされている場合もある。人間関係の不調は、他者との感情や思い、行動などが複雑に絡み合っているため、一度整理し、絡み合った糸を解きほぐす作業をしなければならない。
　ファミリーマップは、ジェノグラムに家族の人間関係を付け加えた図である。援助者はファミリーマップを描くことで、利用者の置かれた家族内部の人間関係への理解と洞察を深めることが可能になる。

(3) エコマップ

　ジェノグラムもファミリーマップも、家族内部を図で示したものであるが、エコマップは、利用者と家族、そして家族を取り巻く社会環境との関係を図で示したものである。
　援助者は、利用者と家族の情報を中心に集めながらも、家族が置かれている社会環境をも把握しなければならない。利用者の抱えている問題が、家族内部に起因することもあり得るが、家族が置かれた社会環境に影響を受けていることもある。

〔演習問題〕**自分を取り巻く環境**

　ジェノグラム、ファミリーマップ、エコマップの記入例を参考にし、自

分を取り巻く環境をノートにマッピングしてみる。それを基に、①良好な関係、②ストレスな関係、③疎遠な関係、④改善が望まれる関係、⑤不足している関係や社会資源について振り返り、自己覚知につなげる。

第2節　ロールプレイの演習

1. ロールプレイとは

　ロールプレイとは、あるテーマやシナリオに基づいて模擬的に役割を演じ、その体験から考察や理解を深めていく事例分析の方法である。ロールプレイを効果的に行うためには、主体的な参加と、与えられた役割になりきること、役割を演じる相手と信頼関係があることが必要である。終了後は、それぞれの立場から感じたことや考えたことを述べ、事例分析を深める。また、観察者から様子などを報告してもらうなどの振り返りも行う。ロールプレイを繰り返し行うことで、実際の場面では焦らず理想的に対応することが可能となる。
　この節では、保育士と利用者役のシナリオに参加し、それぞれの立場から役割を体験し、実際の相談援助での適切な関わり方を検討する。

2. ロールプレイの演習

　次の事例を読み、ロールプレイによって、保育士、利用者、観察者を体験し、事例分析を行う。保育士役は、単に事例を読み上げるのではなく、「援助者としての心構え」「相談援助の過程」「傾聴や共感などの面接技術」を意識的に用いて役割を演じる。ロールプレイ終了後は、〔振り返りシート〕を用いて振り返りを行う。

〔演習の進め方〕
　①保育士、Aさん、観察者の役割を決める。
　②保育士役は、「保育士役のポイント」(p.194以下) を読み、理解する。
　②自分なりのストーリーやアドリブを加える。
　③途中に休憩を入れ、3人で役割を交代しながら演習する。
　④終了後、保育士役はAさんのエコマップを作成する。
　⑤保育士役とAさん役から感想や気づきを述べる。
　⑥観察者は、「援助者としての心構え」「相談援助の過程」「傾聴や共感などの面接技術」が効果的に使用されていたか保育士役に伝える。
※一人で演習を行う場合は、保育士としてどのように関わったほうがよいのか、Aさんだったらどのように関わってほしいかを〔振り返りシート1 (p.199)〕に書き記し、振り返る。

〔事例：子どものしつけと育児不安〕
　家族構成：Aさん（妻）＝35歳主婦、Bさん（夫）＝36歳会社員、
　　　　　　C君＝3歳5カ月（長男）・保育所利用、D君＝1歳3カ月（次男）
　相談場所：AさんがD君を連れて、日中に保育園に来園

　保育士：はい。どうなさいましたか。よろしければ、こちらで少しお話を聞かせてくれませんか。（保育士は、相談ルームへ案内する）
　Aさん：こちらでお世話になっているCのことですが、私の言うことを全く聞いてくれなくて、どうしたらよいかちょっと困っています。本当は、母親である私がしっかりしつけをしなくてはいけないと分かっているのですが、Cにうまく伝わらなくて。どうすればよいのかわかなくて、今日は相談に来ました。
　保育士：そうだったのですね。お母さんは、C君のしつけのことで悩まれていたのですね。今まで、なにかと不安なこともあったと思います。もしよろしければ、もう少し詳しくお話を聞かせてくれませんか。

Aさん：はい。Cはどちらかというと静かな性格で私の言うことを何でも聞いてくれた良い子どもでした。それがこのごろ下の子のDともけんかしたり、わがままを言うようになりました。このまま育ったら、どんな子どもになるのか不安になって…。

保育士：C君のことを考えると、お母さんもとても心配になったでしょうね。では、お父さんは、どのようにC君と関わっていますか。

Aさん：夫は、Cとはよく話をしたり遊んでくれるのですが、このごろ仕事が忙しく、残業も続いて夜遅く帰ってきます。また、休日も仕事が入ることが多くなってしまいました。夫がCと話すのは、朝御飯を食べるときくらいですね。

保育士：お父さんも仕事で忙しいのですね。Aさんは、お父さん以外の誰かに相談することはありましたか。

Aさん：実は、夫の両親も私の両親も近くに住んでいないため、親に相談することは難しいです。それに、夫の都合で1年前にこの町に引っ越して貸家に住んでいるため、近所に相談できる人もいなくて…。私は仕事をしていないので、育児は私ががんばらなくてはいけないと思うのですが、CとDの2人を1人で育てていくのは正直難しいです。料理や掃除、洗濯のほかに育児もとなると、イライラして子どもたちに大きな声を出してしまいます。声だけではなくて、手を上げたくなる気持ちも出てきました。もう、どうしたらよいかわからなくて…。（Aさんは泣き出してしまう）

保育士：C君とD君の育児や家事などで、大変な苦労をしているのに、今まで誰にも相談できずにいたのですね。一人でいろいろなことを抱えてしまって、Aさんも疲れていませんか。それではいっしょに良い方法を考えていきましょうね。
　　　保育所では、買い物や外出のときに子どもを預かることもできるファミリーサポートセンターや、Aさんが育児に疲れたときに利用できる一時預かり保育を開設しています。また、子育てをしている

家族の方々を対象に子育てサークルもあり、子育ての悩みを話したり、イベントなどを通じて仲間づくりをすることもできます。忙しいかもしれませんが、お父さんにも少し育児を協力してもらうこともよいかもしれませんね。
　また、C君はいろいろなことに挑戦しながら、自分自身を成長させようとがんばっている時期かもしれません。信頼できるお母さんとお父さんが近くにいるので、ときには失敗しながらも一生懸命成長しようとしているのではないでしょうか。

Aさん：そうなのですね。そんなにいろいろなサービスがあることは知りませんでした。今すぐに決めることができないので、一度、夫と話し合って決めたいと思います。Cのしつけについても、叱るだけではなく、今後はCの成長を応援しながら子育てしたいと思います。

保育士：はい。それでは一度ご家族で話し合ってみてください。もし、分からないことや不安なことがあれば、いつでもご相談ください。

　その後、Aさんは、月1回の子育てサークルを1年間利用することになった。

3．保育士役のポイント

(1) 相談を受けるうえでの心構え（「バイステックの7原則」に沿って）

①個別化の原則

　Aさんを応援するつもりで、「だいじょうぶですよ。ほかの人も同じような問題を抱えていても、がんばって生活していますから」と応じても、Aさんにとっては、ほかの人と同じ程度の問題として扱われたと感じてしまうこともある。保育士は、「ああ、また同じような相談だ」と捉えるのではなく、利用者は常に初めて相談に来る人だという認識で対応する。

②意図的な感情の表出

　不安のあまりAさんが泣き出してしまったときに「落ち着いてください。そんなに泣かないでください」と感情を抑圧するのではなく、「今

までお一人で悩んで本当につらかったのですね」と、Ａさんが抑えていた感情を自由に表に出すような雰囲気を作る。

③統制された情緒的関与

保育士は、Ａさんの話の内容や表情、しぐさ等から感情を推察して、適切な形で反応しなければならない。Ａさんがつらい話をしているときに、励まそうと考えて笑顔で対応するのではなく、Ａさんと同じ心境に立って共感し対応する。

④受容

「声だけではなくて、手を上げたくなる気持ちも出てきました」とＡさんに打ち明けられたとき、「それはいけませんね。虐待にもつながりますよ」と伝えるのではなく、なぜそのような気持ちにならざるを得なかったのかを推察し、あるがままの姿を受け止める。

⑤非審判的態度

ＡさんがＣ君に「手を上げたくなる」と打ち明けたとき、批判するのではなく、「一人でいろいろなことを抱えてしまって、Ａさんも疲れていませんか」と共感し、Ａさんの思いを受け止める。

⑥自己決定

Ａさんが抱えている課題の解決方法を考える際に、保育士の一方的な押し付けで社会資源を紹介してはならない。

⑦秘密保持

相談の初め、Ａさんは、相談内容が誰かに知られてしまうかもしれないという警戒心を抱いている。信頼関係が深まり、この人にならば全てを打ち明けられるという状態になった後に、本心を語り始める。

(2) 相談援助の過程

①インテーク（相談を引き受ける場面）

Ａさんに相談を持ちかけられた瞬間から、相談援助が始まっている。利用者は、保育士の表情やしぐさ、声のトーンなどから、話しやすい人

かどうかを敏感に感じ取る。信頼関係を構築できるかどうかの大切な場面であるから、インテークでは、緊急の相談を除き、次の過程であるアセスメント情報を聞くことは避けたほうがよい。

　最初は焦らず信頼関係を結ぶことと、Aさんが悩んでいる問題は何かを聞き、保育士が所属している組織で解決できるかを判断する。保育所等で問題が解決できないと判断した場合は、Aさんを児童相談所や病院など他の機関に紹介することもある。

②アセスメント（情報収集と課題の明確化）

　続いて、C君の様子やAさんの家族の状況、問題に至った経緯などを詳しく聞き、Aさんの課題をより明確化させる。アセスメントで聞いた情報は、マッピング（ジェノグラム、エコマップ、ファミリーマップ）を活用すると、Aさんが置かれている状況を整理して把握することができる。同時に、保育士はAさんや家族、保育所や福祉サービス等の支援体制を検討する。

③援助計画の立案

　保育士は、アセスメントされた情報を基に、解決の目標、方法、期間についてAさんの合意を得ながら援助計画を立案する。援助計画は、保育士が一方的に決定するのではなく、Aさんや家族に決めてもらうよう支援する。

④援助計画の実施

　計画に沿ってAさんや家族が取り組んでいる間、保育士はAさんに声をかけて様子を聞くなどの側面的な支援を実施する。

⑤評価

　Aさんが子育てサークルを利用して1年たった後、保育士からAさんに声をかけ、その後のAさんと家族の様子を聞いた。もし、新たな問題が発生したり、問題が解決されていないと判断されたときは、もう一度アセスメントを実施する。

⑥終結

　保育士とAさんの評価の結果に基づいて、一連の援助関係を終了させる。また、保育士は、Aさんが援助目標を達成するのが困難、あるいは他機関への送致が必要な場合、援助過程の途中であっても終結を実施する必要がある。最後に「何かありましたら、いつでも相談に来てください」と一言添え、援助関係を終結させる。

第3節　フィールドワークの演習

1. フィールドワークとは

　フィールドワークとは、調査対象地域の社会と文化などを明らかにするために、調査者が地域に入り込み、そこに住む人々と関わりながら観察や聞き取り調査を行うものである。この研究の手法は、調査対象地域と信頼関係を結ぶことから始まり、調査者を通して得られたデータを記述して分析するのが特徴である。

　この節では、演習の場を保育所などの福祉施設に移し、実際に行われている相談援助を聞き取り、記述し、分析するフィールドワークを行うことを目的とする。

2. フィールドワークの演習

　皆さんが、実習や見学、ボランティアなどで保育所などを訪れた際、現場の保育士から相談援助に関する聞き取り調査を行う。

〔演習の進め方〕
　①調査を依頼する際は、調査の目的、何を明らかにするための調査な

のかを明確に伝え、協力をお願いする。
②調査の結果は、〔振り返りシート2（p.200）〕に記述する。
③5名程度の小グループに分かれて報告会を行い、意見や感想を述べる。
※一人で演習を行う場合は、自分自身で意見や感想を考えてみる。

【参考文献】
岩間伸之『対人援助のための相談面接技術』中央法規出版、2008年
長尾博『やさしく学ぶカウンセリング26のレッスン』金子書房、2008年
山田容『ワークブック社会福祉援助技術演習①対人援助の基礎』ミネルヴァ書房、2003年

〔付〕 振り返りシート1＜ロールプレイ演習＞

1. Aさんの情報をエコマップでマッピングしましょう。（保育士役）

2. 各役割を演じてみて感じたことや考えたことを書きましょう。
　　・保育士役　・Aさん役　・観察者

3. この事例分析を通して学んだことを書きましょう。

〔付〕 振り返りシート2＜フィールドワーク演習＞

1. 調査対象（施設名、対応してくれた人の役職・名前）

2. 誰からどのような相談を受けるのか、相談内容を書きましょう。

3. どのような支援を行ったのかを書きましょう。

4. グループのメンバーからの意見や感想を書きましょう。

【監修者紹介】

林 邦雄（はやし・くにお）
　元静岡大学教育学部教授、元目白大学人文学部教授
　[**主な著書**]『図解子ども事典』（監修、一藝社、2004年）、『障がい児の育つこころ・育てるこころ』（一藝社、2006年）ほか多数

谷田貝 公昭（やたがい・まさあき）
　目白大学名誉教授
　[**主な著書**]『新・保育内容シリーズ［全6巻］』（監修、一藝社、2010年）、『子ども学講座［全5巻］』（監修、一藝社、2010年）ほか多数

【編著者紹介】

髙玉 和子（たかたま・かずこ）［第1章］
　駒沢女子短期大学教授
　[**主な著書**]『児童家庭福祉論』（編著、一藝社、2010年）、『ヒューマンサービスに関わる人のための子ども支援学』（文化書房博文社、2009年）ほか多数

和田上 貴昭（わだがみ・たかあき）［第7章］
　目白大学人間学部准教授
　[**主な著書**]『保育実習』（共著、全国社会福祉協議会、2011年）、『児童家庭福祉論』（共著、一藝社、2010年）ほか多数

【執筆者紹介】

(五十音順、[ ] 内は担当章)

安藤 みゆき（あんどう・みゆき）［第11章］
　茨城女子短期大学准教授

伊藤 博（いとう・ひろし）［第6章］
　豊岡短期大学教授

今井 慶宗（いまい・よしむね）［第10章］
　関西女子短期大学講師

太田 敬子（おおた・けいこ）［第14章］
　鎌倉女子大学短期大学部教授

大野 地平（おおの・ちへい）［第12章］
　聖徳大学短期大学部講師

笹 志津（ささ・しず）［第2章］
　青森大学社会学部専任講師

潮谷 光人（しおたに・こうじん）［第8章］
　奈良佐保短期大学准教授

白澤 宏明（しらさわ・ひろあき）［第15章］
　専修大学北上福祉教育専門学校専任講師

武田 英樹（たけだ・ひでき）［第9章第1節］
　美作大学准教授

谷口 卓（たにぐち・たかし）［第13章］
　元神戸医療福祉大学教授

中村 卓治（なかむら・たくじ）［第5章］
　広島文教女子大学人間科学部教授

日高 洋子（ひだか・ようこ）［第3章］
　埼玉学園大学人間学部講師

松井 圭三（まつい・けいぞう）［第10章］
　中国短期大学保育学科専攻科介護福祉専攻教授

室井 佑美（むろい・ゆみ）［第4章］
　山村学園短期大学講師

森合 真一（もりあい・しんいち）［第9章第2,3節］
　豊岡短期大学専任講師

保育者養成シリーズ
相談援助

2012年4月1日　初版第1刷発行
2017年3月25日　初版第3刷発行

監修者　林 邦雄・谷田貝 公昭
編著者　髙玉 和子・和田上 貴昭
発行者　菊池 公男

発行所　株式会社 一藝社
〒160-0014　東京都新宿区内藤町1-6
Tel. 03-5312-8890　Fax. 03-5312-8895
E-mail : info@ichigeisha.co.jp
HP : http://www.ichigeisha.co.jp
振替　東京 00180-5-350802
印刷・製本　シナノ書籍印刷株式会社

©Kunio Hayashi, Masaaki Yatagai 2012 Printed in Japan
ISBN 978-4-86359-035-9 C3037
乱丁・落丁本はお取り替えいたします

一藝社の本

保育者養成シリーズ
林 邦雄・谷田貝公昭◆監修

《"幼児の心のわかる保育者を養成する"この課題に応える新シリーズ》

児童家庭福祉論　　髙玉和子◆編著
A5判　並製　224頁　定価（本体1,800円＋税）　ISBN 978-4-86359-020-5

教育原理　　大沢 裕◆編著
A5判　並製　208頁　定価（本体2,200円＋税）　ISBN 978-4-86359-034-2

保育内容総論　　大沢 裕・高橋弥生◆編著
A5判　並製　200頁　定価（本体2,200円＋税）　ISBN 978-4-86359-037-3

保育の心理学Ⅰ　　谷口明子・西方 毅◆編著
A5判　並製　216頁　定価（本体2,200円＋税）　ISBN 978-4-86359-038-0

保育の心理学Ⅱ　　西方 毅・谷口明子◆編著
A5判　並製　208頁　定価（本体2,200円＋税）　ISBN 978-4-86359-039-7

相談援助　　髙玉和子・和田上貴昭◆編著
A5判　並製　208頁　定価（本体2,200円＋税）　ISBN 978-4-86359-035-9

保育相談支援　　髙玉和子・和田上貴昭◆編著
A5判　並製　200頁　定価（本体2,200円＋税）　ISBN 978-4-86359-036-6

保育・教育課程論　　高橋弥生◆編著
A5判　並製　216頁　定価（本体2,200円＋税）　ISBN 978-4-86359-044-1

障害児保育　　青木 豊◆編著
A5判　並製　208頁　定価（本体2,200円＋税）　ISBN 978-4-86359-045-8

保育実習　　高橋弥生・小野友紀◆編著
A5判　並製　208頁　定価（本体2,200円＋税）　ISBN 978-4-86359-046-5

幼稚園教育実習　　大沢 裕・高橋弥生◆編著
A5判　並製　208頁　定価（本体2,200円＋税）　ISBN 978-4-86359-047-2

新版 保育者論　　谷田貝公昭・高橋弥生◆編著
A5判　並製　208頁　定価（本体2,200円＋税）　ISBN 978-4-86359-051-9

子どもの食と栄養　　林 俊郎◆編著
A5判　並製　216頁　定価（本体2,200円＋税）　ISBN 978-4-86359-052-6

新版 社会福祉　　山﨑順子・和田上貴昭◆編著
A5判　並製　224頁　定価（本体2,200円＋税）　ISBN 978-4-86359-116-5

ご注文は最寄りの書店または小社営業部まで。小社ホームページからもご注文いただけます。

一藝社の本

新・保育内容シリーズ ［全6巻］

谷田貝公昭◆監修

《新しい「幼稚園教育要領」「保育所保育指針」に対応した新シリーズ》

---

1 健康

高橋弥生・嶋﨑博嗣◆編著

A5判　並製　248頁　定価（本体2,000円＋税）　ISBN 978-4-86359-014-4

---

2 人間関係

塚本美知子・大沢 裕◆編著

A5判　並製　240頁　定価（本体2,000円＋税）　ISBN 978-4-86359-015-1

---

3 環境

嶋﨑博嗣・小櫃智子・照屋建太◆編著

A5判　並製　232頁　定価（本体2,000円＋税）　ISBN 978-4-86359-016-8

---

4 言葉

中野由美子・神戸洋子◆編著

A5判　並製　248頁　定価（本体2,000円＋税）　ISBN 978-4-86359-017-5

---

5 音楽表現

三森桂子◆編著

A5判　並製　256頁　定価（本体2,000円＋税）　ISBN 978-4-86359-018-2

---

6 造形表現

おかもとみわこ・大沢 裕◆編著

A5判　並製　232頁　定価（本体2,000円＋税）　ISBN 978-4-86359-019-9

ご注文は最寄りの書店または小社営業部まで。小社ホームページからもご注文いただけます。

一藝社の本

子ども学講座［全5巻］
林 邦雄・谷田貝公昭◆監修

《今日最大のテーマの一つ「子育て」──
子どもを取り巻く現状や、あるべき姿についてやさしく論述》

---

1 子どもと生活
西方 毅・本間玖美子◆編著

A5判　並製　224頁　定価（本体1,800円＋税）　ISBN 978-4-86359-007-6

---

2 子どもと文化
村越 晃・今井田道子・小菅知三◆編著

A5判　並製　224頁　定価（本体1,800円＋税）　ISBN 978-4-86359-008-3

---

3 子どもと環境
前林清和・嶋﨑博嗣◆編著

A5判　並製　216頁　定価（本体1,800円＋税）　ISBN 978-4-86359-009-0

---

4 子どもと福祉
髙玉和子・高橋弥生◆編著

A5判　並製　224頁　定価（本体1,800円＋税）　ISBN 978-4-86359-010-6

---

5 子どもと教育
中野由美子・大沢 裕◆編著

A5判　並製　224頁　定価（本体1,800円＋税）　ISBN 978-4-86359-011-3

ご注文は最寄りの書店または小社営業部まで。小社ホームページからもご注文いただけます。